家用纺织品理单跟单

（第2版）

吴相昶　徐慧霞　吴奕娟　编著

中国纺织出版社

内 容 提 要

本书着重介绍了家用纺织品基础知识和家用纺织品理单跟单实际操作,内容涵盖了认识家用纺织品理单跟单,家用纺织品理单跟单的前期、中期、后期跟单,家用纺织品企业成本核算。书中不仅包括家用纺织品理单跟单员必备的家纺专业知识,且涵盖了生产环节的管理知识。书中配套相应的生产图表,方便读者实际应用,使初入行的人员也能快速掌握理单跟单知识和必备的实践技能。

本书以家用纺织品企业理单跟单的工作流程为导向,以完成家用纺织品企业实际的订单、生产工艺技术的编制,具体订单的理单跟单跟进等工作岗位所需的能力与素质要求为依据,创新设计情景式、项目化的体例结构。

本书可作为纺织服装院校家用纺织品设计相关专业的教材,可作为家用纺织品理单跟单人员的培训教材,也可供质检人员、营销人员、面辅料采购人员和家用纺织品企业技术与管理人员阅读参考。

图书在版编目(CIP)数据

家用纺织品理单跟单/吴相昶,徐慧霞,吴奕娟编著.—2版.—北京:中国纺织出版社,2015.2
"十二五"职业教育国家规划教材
ISBN 978-7-5180-1267-1

Ⅰ.家… Ⅱ.①吴… ②徐… ③吴… Ⅲ.纺织品—生产管理—高等职业教育—教材 Ⅳ.F407.816

中国版本图书馆 CIP 数据核字(2014)第 281646 号

策划编辑:孔会云　　责任编辑:范雨昕　　责任校对:王花妮
责任设计:何　建　　责任印制:何　建

中国纺织出版社出版发行
地址:北京市朝阳区百子湾东里 A407 号楼　邮政编码:100124
销售电话:010—67004422　传真:010—87155801
http://www.c-textilep.com
E-mail:faxing @ c-textilep.com
中国纺织出版社天猫旗舰店
官方微博 http://weibo.com/2119887771
北京彩蝶印刷有限公司印刷　各地新华书店经销
2009 年 5 月第 1 版　2015 年 2 月第 2 版　2015 年 2 月第 2 次印刷
开本:787×1092　1/16　印张:10.5
字数:197 千字　定价:36.00 元

凡购本书,如有缺页、倒页、脱页,由本社图书营销中心调换

出
版
者
的
话

　　百年大计,教育为本。教育是民族振兴、社会进步的基石,是提高国民素质、促进人的全面发展的根本途径,寄托着亿万家庭对美好生活的期盼。强国必先强教。优先发展教育、提高教育现代化水平,对实现全面建设小康社会奋斗目标、建设富强民主文明和谐的社会主义现代化国家具有决定性意义。教材建设作为教学的重要组成部分,如何适应新形势下我国教学改革要求,与时俱进,编写出高质量的教材,在人才培养中发挥作用,成为院校和出版人共同努力的目标。2012 年 12 月,教育部颁发了教职成司函[2012]237 号文件《关于开展"十二五"职业教育国家规划教材选题立项工作的通知》(以下简称《通知》),明确指出我国"十二五"职业教育教材立项要体现锤炼精品,突出重点,强化衔接,产教结合,体现标准和创新形式的原则。《通知》指出全国职业教育教材审定委员会负责教材审定,审定通过并经教育部审核批准的立项教材,作为"十二五"职业教育国家规划教材发布。

　　2014 年 6 月,根据《教育部关于"十二五"职业教育教材建设的若干意见》(教职成[2012]9 号)和《关于开展"十二五"职业教育国家规划教材选题立项工作的通知》(教职成司函[2012]237 号)要求,经出版单位申报,专家会议评审立项,组织编写(修订)和专家会议审定,全国共有 4742 种教材拟入选第一批"十二五"职业教育国家规划教材书目,我社共有 47 种教材被纳入"十二五"职业教育国家规划。为在"十二五"期间切实做好教材出版工作,我社主动进行了教材创新型模式的深入策划,力求使教材出版与教学改革和课程建设发展相适应,充分体现教材的适用性、科学性、系统性和新颖性,使教材内容具有以下几个特点:

　　(1) 坚持一个目标——服务人才培养。"十二五"职业教育教材建设,要坚持育人为本,充分发挥教材在提高人才培养质量中的基础性作用,充分体现我国改革开放 30 多年来经济、政治、文化、社会、科技等方面取得的成就,适应不同类型高等学校需要和不同教学对象需要,编写推介一大批符合教育规律和人才成长规律的具有科学性、先进性、适用性的优秀教材,进一步完善具有中国特色的职业教育教材体系。

　　(2) 围绕一个核心——提高教材质量。根据教育规律和课程设置特点,从提高学生分析问题、解决问题的能力入手,教材附有课程设置指导,并于章首介绍本章知识点、重点、难点及专业技能,增加相关学科的最新研究理论、研究热点或历史背景,章后附形式多样的习题等,提高教材的可读性,增加学生学习兴趣和自学能力,提升学生科技素养和人文素养。

（3）突出一个环节——内容实践环节。教材出版突出应用性学科的特点，注重理论与生产实践的结合，有针对性地设置教材内容，增加实践、实验内容。

（4）实现一个立体——多元化教材建设。鼓励编写、出版适应不同类型高等学校教学需要的不同风格和特色教材；积极推进高等学校与行业合作编写实践教材；鼓励编写、出版不同载体和不同形式的教材，包括纸质教材和数字化教材，授课型教材和辅助型教材；鼓励开发中外文双语教材、汉语与少数民族语言双语教材；探索与国外或境外合作编写或改编优秀教材。

教材出版是教育发展中的重要组成部分，为出版高质量的教材，出版社严格甄选作者，组织专家评审，并对出版全过程进行过程跟踪，及时了解教材编写进度、编写质量，力求做到作者权威，编辑专业，审读严格，精品出版。我们愿与院校一起，共同探讨、完善教材出版，不断推出精品教材，以适应我国职业教育的发展要求。

中国纺织出版社

教材出版中心

　　随着市场需求的变化,家用纺织品理单跟单岗位的技能要求也随之提高,家用纺织品产品的知识更新较快,相关的技术标准、客户要求、行业质量标准也在提高,为了使本教材更加符合家用纺织品企业理单跟单岗位的发展变化,提高本教材相关知识点和技术含量,我们结合家用纺织品企业新工艺、新技术,并在对该岗位的大量市场调查研究的基础上,对原书进行了修订,作为"教、学、做"一体化课程的配套教材。

　　本教材采用"项目引领、任务驱动,以企业订单流程为导向"的情境化教学,通过学生完成真实的学习任务,实现家用纺织品企业管理知识的学习,形成对家用纺织品理单跟单的全面认知,提升学生的专业管理能力、团队协作能力、社会活动能力等。本教材案例为企业最新的资料,使读者掌握家用纺织品理单跟单岗位所需要的最新工艺技术知识和技能。

　　本书在编写过程中参考了相关的书籍和资料,在此表示衷心的感谢。

　　由于作者水平有限,书中难免存在疏漏之处,恳请广大读者批评指正。

编著者

2014 年 5 月

　　近年来,家用纺织品企业的规模和数量不断增长,企业发展渐趋完善,从业人员也不断增多,和其他行业一样,随着行业生产、贸易的迅速发展,企业内部分工也越来越细,理单、跟单工作也逐渐突显其重要性。家用纺织品行业因进入门槛较低,以前院校中没有专门的家用纺织品专业,故企业中从事跟单工作的多为服装专业的学生或服装企业转到家纺企业来的人员。家用纺织品企业中的理单人员大多数具有国际贸易专业知识、外语沟通能力也较好,但家用纺织品专业知识和企业中实际生产知识相对较欠缺。家用纺织品理单、跟单工作起着承接管理知识和专业知识,进而指导实际工作的作用。理单员和跟单员必须具备一定的家用纺织品专业知识和管理知识,才能做好本职工作。

　　本书作者从事家用纺织品跟单、服装纺织品进出口理单、面辅料采购跟单工作多年,在工作中总结了丰富的经验,另外为了适应市场和企业发展的需要,作者对家用纺织品理单跟单工作岗位作了深入的市场调研,在此基础上编写了本书。

　　本书在编写过程中参考了相关的书籍和资料,在此表示衷心的感谢。

　　由于作者水平有限,书中难免存在疏漏之处,恳请广大读者批评指正。

编著者

2009 年 2 月

目录

情境 1 认识家用纺织品理单跟单

学习要点

了解家用纺织品理单跟单的基本概念,熟悉并掌握家用纺织品理单跟单业务操作流程及规范的程序步骤。

学习难点

1. 家用纺织品理单跟单和家用纺织品跟单的岗位分别是做什么的?

2. 家用纺织品理单跟单在家用纺织品企业从事外贸和内销的岗位流程是否一致,有何区别?

项目 1-1 家用纺织品理单跟单基础知识

本项目的主要知识点是对家用纺织品理单跟单岗位的认知,对该岗位的相关工作要求、岗位技能基础知识的学习。

随着家用纺织品行业市场需求量的不断增长,客户对产品质量、价格、交货期的要求不断提高,市场竞争日趋激烈。在这样严峻的形势下,家用纺织品企业必须要更重视新产品的设计及开发力度,不断提高产品质量,合理安排生产,按时完成生产任务并准时交货,从而赢得客户的信任及良好的口碑。为此家用纺织品企业的岗位也随之细分化,许多外贸公司出现了家用纺织品理单跟单工作岗位,该岗位的产生在一定程度上有效地解决了接单→生产(质量控制)→订单完成期的跟单,这三者之间的衔接工作,便于有计划地安排生产任务及处理生产过程中存在的相关问题,合理地协调好各部门之间的关系,为家用纺织品企业的发展创造了一定的经济效益和社会效益。

项目 1-2 家用纺织品理单跟单的岗位技能

家用纺织品理单跟单的岗位是一个复合型的技能岗位,要求从事该岗位的人员有较强的外语专业知识、外贸进出口贸易知识和相关的家用纺织品专业知识。

为了缩短家用纺织品企业用工考核的时间,增强新入行业人员的培训和指导工作。本项目的相关知识点做了比较系统、全面的家用纺织品企业实际案例操作,引入家用纺织品企业的真实案例,模拟企业实际的岗位需求,以家用纺织品理单跟单的实际工作流程为导向。

【知识准备】

一、家用纺织品理单跟单的定义

家用纺织品理单跟单是贸易公司(又称外贸公司)或生产型企业(俗称工厂)按照订单业务的要求,进行订单文本资料的整理及业务流程的处理工作,包括与客户的业务联系,信函沟通,资料整理,生产交货期的跟踪,生产之前面辅料色样及各种样品款式、工艺要求的确认,指导家纺生产企业严格按照订单的要求进行大货生产,保质保量完成生产任务并准时出货。

家用纺织品理单跟单员在有的外贸公司也称为业务员或客户服务人员,家用纺织品跟单员称为验货员或 QC。有的公司对理单跟单员的要求较高,需要同时负责理单和跟单的工作,这样有利于专人负责订单整个生产环节的进度跟踪,熟悉客户对产品质量的要求,及时处理客户邮件、相关业务的咨询、生产过程中客户的资料修改及客户对产品质量的投诉问题。分工较细的公司则将理单岗位和跟单岗位区分开来,理单人员负责处理客户邮件、订单文本资料的整理;跟单人员专门负责产品生产过程中的质量控制、生产进度跟进等工作。

二、家用纺织品理单跟单的工作流程

目前随着家用纺织品企业规模的不断扩大,人们更加注重生活品位,对室内软装饰的要求越来越高。国内很多家用纺织品企业都很注重国际、国内家纺市场的需求,更多家用纺织品外贸公司采取的是工贸结合的运作模式,以此来降低采购成本,建立自己的品牌,客户群体有国外客户和国内消费者。外贸公司新订单的操作处理流程和翻单的常规处理流程如图 1-1、图 1-2 所示。

三、家用纺织品理单跟单的特点

理单与跟单是相互联系,缺一不可的。

理单员要制订相应的订单文本资料,需要具备国际贸易知识及良好的社交沟通能力,能及时处理客户的英语信函、邮件,并且要熟悉家用纺织品企业产品生产的工艺技术要求,了解面辅料的基础知识,掌握相关产品的报价等。

跟单员需要及时了解生产确认样品资料及生产进度、生产工厂的相关信息、工艺单,按照理单人员提供的资料指导企业进行大货生产,了解家用纺织品品质检验的相关知识,按照客户的产品标准、家用纺织品行业标准进行检验,并公正、客观地出具相应的验货报告。同时,要把验货过程中发现的大货产品实际存在的质量问题,及时和理单人员沟通并协助生产企业解决生产技术上的实际困难,保证产品的质量,按期交货。

四、家用纺织品理单跟单的种类及作用

家用纺织品理单跟单包括生产型企业的理单跟单和外贸公司的理单跟单。

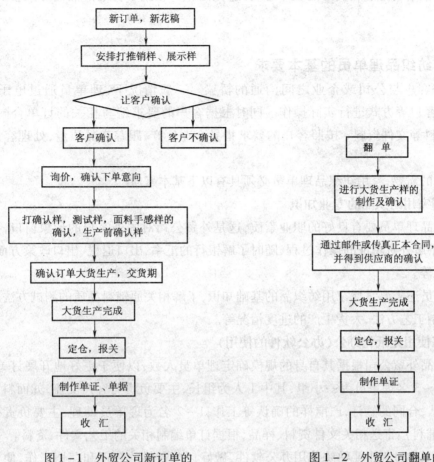

图1-1　外贸公司新订单的
　　　操作处理流程

图1-2　外贸公司翻单的
　　　常规处理流程

　　生产型企业的理单跟单就是根据外贸公司或国内客户的相关订单资料进行内部工艺单的编制,便于企业内的相关生产部门能明白订单的相关裁剪、缝制工艺,包装要求等。

　　外贸公司的理单跟单就是外贸公司的理单员与国外客户进行沟通交流,确定合作意向,根据国外客户对产品的要求,制订相关的工艺文本资料,该工艺文本资料通常是外文的,需要理单员翻译成中文,编制相应的工艺文本资料给生产型企业的理单员。

　　生产型企业的理单跟单和外贸公司的理单跟单的区别在于:生产型企业理单跟单员的工作比较繁琐,要根据工艺文本编制的相关生产工艺单、包装辅料采购合同、合同交货期安排好大货生产;外贸公司理单跟单员需要具有较强的听、读、写的外语能力,做好国外客户合同资料的翻译工作,及时给客户寄送相关文件资料和样品,同时做好各部门、供应商的沟通工作,把客户的修改意见、需求及时、准确无误地传达给供应商及相关人员,合理督促供应商提交相关样品样布,跟踪大货生产的进度、质量、交货期,相对来说工作压力是双重的。如果在生产中遇到质量问题,面临的交货期时间紧张,此时,一定要同客户协商解决,如客户是否可以接受大货产品目前存在的质量问题,或者经过返工修改后是否可以接受,能否推迟交货期等。让客户觉得理单跟单员具有较强的责任心和良好的工作态度，避免因客户收到不良的产品而导致投诉、索赔等问题的发生。

五、家用纺织品理单员的基本要求

理单员是客户与公司或企业之间沟通的桥梁。一般情况下，理单员通过电子邮件、传真、电话联络客户等方式进行实际操作。同时根据客户的要求编写相关的订单合同、工艺单文本、包装资料等文件资料，按照客户的要求指导企业生产、跟踪产品质量，处理客户的反馈意见等。

由于工作的需要，家用纺织品理单员必须具有以下基本素质。

（一）掌握家用纺织品的专业知识

家用纺织品理单员要有良好的职业素质，这是外贸公司对国外客户的形象窗口，要熟练掌握报价技巧，了解外贸单证的操作过程，随时了解银行的汇率、出口退税、出口政策方面的信息，信贷物流知识等。

同时理单员还需要掌握家用纺织品的基础知识，了解相关原辅料品质的测试方法及检验要求、产品的缝制工艺方法、大货生产的进度情况等。

（二）熟练使用无纸化办公（办公软件的使用）

家用纺织品外贸公司根据其自身的规模确定理单员人数，以便于更好地开展订单的操作。通常情况下，2～3名理单员为一小组，其中1人为组长，主要负责与客户交流，如面料、款式、价格，交期的确认，合同的签订，产前样的确认等工作；1～2名为理单员助理，主要负责与客户落实包装材料（辅料）、寄送相关文件资料、样品，根据订单编制相关的工艺文件、资料。

理单员在工作过程中要熟练使用办公软件，做好订单资料的管理和存档工作，便于随时查阅文件资料。

（三）家用纺织品理单员的工作范畴

家用纺织品理单员的工作性质决定了理单员的岗位职责。理单员在任何时候都要有计划地去实施并指导企业的实际生产进度，并且要及时对订单的生产进度、产品质量进行跟踪，并做好协调工作，按时将货物报关并运送到指定仓库、出运。

（四）家用纺织品理单员的文件整理及归档

为了在日常的工作中便于同客户之间的交流、沟通和规范企业内部对订单资料的管理制度，通常情况下，理单员在订单的操作过程中，要对客户合同的包装材料或修改件资料进行核对，要及时同相关人员联系并做好订单的资料整理、更新、归档工作。

1. 建立客户档案

客户档案的建立，便于理单员在日常工作中与客户进行联系，使他们及时了解客户的市场需求和下单的意向，及时处理客户的投诉或建议，做好客户服务工作，提高服务质量和服务意识。客户登记表见表1–1。

表1-1　客户登记表

客户所在国家		法人代表			
客户公司名称(中文,英文)					
客户公司地址(中文,英文)					
网　址					
联系人	电　话	E-mail	MSN	备　注	

2. 编制订单号

订单号的编制是理单员必须要掌握的,订单号通常有客户订单号和外贸公司内部订单号之分。一般情况下,从订单开始到订单完成,订单号是不重复的,且订单号确定后不能轻易修改。相应的包装辅料、文件资料都会用这个订单号作为标识,这样方便查阅,可区分不同的订单,避免混淆。

订单号的编制方法很多,通常由字母和数字组成,用字母表示不同的客户,数字可以表示同一客户的不同订单。有时也可直接使用客户的订单号来标识订单。例如:美国 ABC 客人,订单号可以表示为 ABC—001,ABC—002,ABC—003,……加拿大 H 客人,订单号可以表示为:H0001,H0002,H0003,……

3. 文件资料的归档

为了便于理单员工作的有序进行,理单员应及时将原始订单的资料整理并归档,便于在后续工作中查阅。将订单文件资料以书面形式存放在相应的文件夹内,同时文件夹要有标识,注明客户的名称和订单号,在后续的工作中,将相应订单的包装资料或修改资料进行归档。

六、家用纺织品跟单员的基本要求

(一)岗位要求

家用纺织品跟单员的工作涉及企业生产的每一道工序,生产中的每一个环节都有跟单员的身影,例如签订合同,面辅料的确认,产前样、推销展示样的制作,大货的生产、出运等。跟单员要全面负责外贸公司或生产型企业的产品质量管理及控制,做好大货生产进度的跟单工作,责任较重。因此,跟单员在每个环节的操作中都要认真、仔细审核,对产品的质量问题要有预估性,同时要协助工厂解决生产上的实际困难,坚持"质量第一,客户至上"的原则,在工作中要提高服务意识,增强责任心。从细节入手,端正思想,态度一定要坚定,忠于自己的岗位职责,尽自己的最大努力把工作做好。

家用纺织品跟单员的岗位职责如下:

(1)负责企业生产的质量控制及生产进度的跟进工作。

(2)负责企业产品质量问题的预防及改正工作。

(3)做好企业新产品开发工作,协调客户做好各种样品的展示工作。

(4)负责企业质量统计和质量材料各方面的存档工作。

(5)做好面辅料、颜色、产前样的确认工作,做好工艺单的审核工作。

(6)在跟单过程中做好初期、中期、后期产品的质量控制并公正客观地出具相应的检验报告。

(7)做好出货后的后期工作,并做好与收汇各部门的沟通协调工作。

(二)职业道德

跟单员必须要具有良好的职业道德,维护公司的形象和企业的利益。在跟单过程中一定要杜绝"吃""拿""索要"等现象,要坚持原则,不要因为工厂生产的产品有质量问题而提出各种无理要求。这样跟单员会处于被动地位,失去别人的尊重,失去做人的最基本道德。

(三)社交沟通能力

人与人之间需要沟通,在工作中相互之间要配合协调,一个优秀的跟单员不仅要有比较扎实的专业技能,而且需要有良好的沟通协调能力,这是考核一个跟单员综合素质的条件之一。家用纺织品跟单员接触的人员比较多,如国外客户、本公司员工、供应商企业相关的管理人员和生产一线人员等,这就决定了跟单员必须具有良好的语言表达能力和社交礼仪方面的知识,以便开展工作。

【知识拓展】

一、订单的概念

订单,即订货合同,是指国内外的客户根据市场需求向供应商发出采购要约,并提出订货的数量、款式、价格、质量、交货地点及相关费用等要求的一种书面文本格式。家用纺织品有限公司订货合同见表1-2。

订单(合同)的签订对买卖双方都有一定的约束力,具有法律效力,同时,订单的内容要明确双方的权利和义务。例如,在订单签订的前后,供应商有义务按客户的要求进行样品的试制并提交给客户确认。客户应向供应商提供详细的样品制作工艺、质量、样品交货期以及样品的主要用途(展示样、推销样、测试样、大货样、船样等),使供应商在制作样品时能了解各种样品的制作要求,准时把符合客户质量要求的样品寄送到客户手中。

表1-2　家用纺织品有限公司订货合同

合同号：

兹向＿＿＿＿＿＿＿＿订购如下货品　　　　　　　　　　　　交货地点：

品名及规格	颜　色	数　量	单　价	总金额	备　注
合　计					

合计金额(大写)：　　　　　　　　　　　　　　　　　　交货日期：　年　月　日

并须符合下述条款：

1. 本合同一经双方签署,即予生效或卖方在收到本合同3个工作日之内若无异议视为确认此合同各项条款及所有明细要求,但买方有权在合理时间内提出更改订单中非根本性条款或增加非根本性条款。

2. 卖方应按合同规定的要求,按时将订购商品送交买方指定仓库或车站,所需之装卸运杂费由卖方负担,交货时应随附各种有关单据。买方根据合同规定的品名、规格、数量进行验收,若不符合合同所列各点规定,买方有权拒收。

3. 由于质量及包装等原因造成的损害事实,由卖方负全部责任。

4. 买方凭业务员本人及仓库验收签字后付款。

5. 若双方有特殊协议,应在有关协议精神基础上履行此合同。

6. 若双方发生争议,应协商解决。若协商无效,提交买方所在地法院处理。

卖　方：　　　　　　　　　　　　买　方：

(盖合同章生效)　　　　　　　　　(盖合同章生效)

业务主管：　　　　　　　　　　　业务主管：

签　章：　　　　　　　　　　　　签　章：

确认日期：年　月　日　　　　　　购订日期：年　月　日

二、家用纺织品订单的生存周期

(一)订单生存周期的模型

订单的生存周期是指从接受顾客的需求信息至顾客收到所需要的产品所经历的时间。订单的生存周期模型根据客户关系的发展可以分为考察期、形成期、稳定期、退化期四个阶段。

1. 考察期

考察期是指买卖双方相互考察、相互了解的阶段。主要表现在客户会下一些数量较小的订单合同进行试单,以此来评估供应商的生产能力、配合程度以及对产品质量控制的力度及态度,并且在这些因素的作用下,考虑供应商是否可以发展成为长期的合作伙伴。

2. 形成期

形成期是买卖双方关系进一步发展的阶段。在这一阶段,双方的合作关系日趋成熟,订单的数量也会不断地增加,买卖双方既是合作的伙伴关系,又是朋友,双方的责任心更强,供应商会尽自己最大的努力去完成客户的要求。

3. 稳定期

稳定期是买卖双方整个关系发展到最高的阶段。这个阶段,为了能更好地长期合作,双方可能采用合资开工厂的方式,进行资源交换,大量的订单会集中到供应商这边生产。双方的关系非常融洽,达到相对稳定的状态。

4. 退化期

退化期是关系发展到一定阶段的必然趋势。这个阶段,由于供应商生产不足,质量控制不严,经营思路、理念的不合使双方关系退化。退化期的主要表现特点有:订单数量减少或转移到其他工厂,双方考虑寻找更合适的合作伙伴,产品质量的投诉索赔率增加,逐步开始交流合作关系的结束事宜。

(二)订单生存周期的跟单

一般情况下,根据不同客户的要求及企业生产进程安排的需要,每个订单生存周期的跟单大致可以划分为三个阶段:订单前期跟单,中期生产进程跟单,订单完成期的付运与结算跟单。

1. 订单前期跟单

订单前期跟单是订单有序开展的首要条件,前期工作的效率直接影响订单生产的进程。在前期跟单中,跟单员必须要掌握家用纺织品的相关专业知识及订单操作的流程,要有良好的沟通协调能力,善于处理订单前期生产中遇到的实际问题。

2. 中期生产进程跟单

中期生产进程跟单是订单生产的重要环节,也是需要跟单员同时去控制整个生产的质量和交货期的环节。中期生产进程跟单是大货生产过程中的跟进,控制生产过程中裁剪、缝制、成品的检验、后整理、包装的质量。

(三)订单完成期的付运与结算跟单

订单完成期的付运与结算跟单是订单大货生产完成后所要做的相关工作。跟单员需要具有良好的家用纺织品进出口国际贸易的基础知识,掌握付运与结算的相关知识及处理技巧。订单完成期的付运与结算跟单工作的有序开展直接关系到企业的生存,跟单员主要处理货物运输的方式、时间、数量、目的地、是否能及时收到货款等工作。

三、如何做好家用纺织品客户服务工作

家用纺织品理单跟单员必须要有较强的专业操作能力。熟练的岗位操作技能,做好家用纺织品的产品销售的服务工作,是每个家用纺织品理单跟单员每天的工作所必须面对的事情。家用纺织品理单跟单员可以从以下几个方面开展工作。

(一)订单合同

1. 确保订单信息准确性

下订单前,仔细看懂客人的原始订单资料,包括面料、颜色、尺寸、款式结构设计图、缝制工艺,结合之前打的样品,如发现有不同之处要及时与客人联系,确认后可以下订单给工厂。给工厂下订单时,必须要写清楚面料,颜色,工艺等细节和具体质量要求,要提供原始的资料给工厂,如果生产中途遇到有修改的情况,必须要及时提供修改件给工厂。确保资料的及时性、准确性。

2. 订单分发情况

需要给质检部所有辅料的图片,尤其是客供辅料或是第一次下单的辅料,包括宣传卡、不干胶、水洗标等,实样或图片均可。

3. 包装资料的整理

客人的原始包装要求,如多种形式的混装,多种数量不同的装箱要求,都要提供给储运部。

同时要仔细核对原始合同的包装要求,结合以前出货的订单,与客人再次确认,信息准确、清楚、易懂。

4. 修改件要及时下达

订单资料修改后,修改件传给工厂后要复印好,分发给相关部门,以免遗忘。例如改工厂、日期、目的港和SKU#、价格、数量、装箱数的订单得给储运部,改工厂、做法、颜色、包装方法、ITEM#、UPC#、SKU#、装箱数、数量的订单得给质检部,改工厂、价格的订单得给财务部。

5. 标样的分发与留底

所有新订单下单后,必须给工厂盖过章的标样,同时给质检部两份,自己留一份。可以方便自己和质检部门检验、核对大货产品。

(二)辅料下单

1. 下单时信息是否齐全

下宣传卡时,注明纸的克重、种类、卡的颜色、色号、送货工厂、交货期。列上注意点,附上可接受和不可接受的样品。

2. 辅料留样

订单合同下单后,家用纺织品理单跟单员要做好辅料的留样工作。对新产品的辅料,家用纺织品理单跟单员要做好各类样品的确认和核对工作,确保辅料的品质到达客户的要求。

3. 宣传卡进度的跟进

及时与宣传卡负责人保持联系,确保工厂按时交货。货到工厂后发邮件通知工厂清点数量,核对产品的颜色、尺寸规格、质量。避免收到其他工厂的或其他产品的卡,检验是否有色差。

宣传卡留底样一定得齐全,一是为了核对内容,二是为了留底便于下次下单时不用打印图片。留底样至少要各三张。

4. 认真核对留底样

所有翻单留底样均需仔细核对,需核对以下几个方面:

(1)条码必须通过扫描。

(2)卡面上的颜色色差。

(3)条码与内容是否一致。

(4)图片上的颜色是否与卡上的色名一致。

所有新订单留底样均需仔细核对,需核对以下几个方面:

(1)条码必须通过扫描。

(2)卡面上的颜色与标样核对,卡相互之间是否有色差。

(3)条码与颜色是否一致。

(4)图片上的颜色是否与卡上的色名一致。

(5)尺寸换算是否正确。

(6)水洗内容是否与水洗唛一致。

(三)船样

1. 船样要准确

客户要求的船样要及时准确地提交给客户,便于合理安排货物储运的船期,便于客户能及时地了解大货的品质、提前在商店预售、展示、推销样品。

收到订单后,先用现有的面料,任一色做一套样品作为产前样让客人确认花型及做法,等所有面辅料到齐后三天内给客人寄船样。家用纺织品理单跟单员一般情况下,船样要在大货储运前 10 天收到,并提交给客户确认。

2. 翻单如何使工厂做到及时准确

每周对进度时,均催一次船样,使家用纺织品工厂养成及时送样的习惯。

3. 船样的留底情况

留好第一次寄给客人的船样,贴好标签,注明日期,留好最近一次送样,如果下次收到船样,就换掉最近的船样。

(四)生产进度跟进

1. 生产进度跟进

每个月都会翻单的老产品,本来工厂的交期就比客人交期早 15～20 天,基本上是不会晚的,如果晚,最多晚一周,基本不会有问题。直接去目的港的订单不能早出或晚出,稍有变动就得通知客人。对于订单晚出风险相对大一些,而且不太好商量的客户,要做好生产进度的跟进工作。

2. 答应客人早出的订单应按答应的时间出

将答应客人交期告知工厂及储运部,而且要把这个信息写在日历上,时刻提醒自己不能忘。

3. 及时告知客人有可能晚出的订单

每周与工厂对进度,对于有可能要晚的订单或自己觉得可能要晚的订单,必须更加关注生产进度。如果订单确实要晚出,得马上与客人联系,告知实际情况。

每周出货订单,须列一张清单给质检部,有变动的要写在纸上给他们。如果工厂有变动,问清楚后马上通知储运部,对不放心的订单或工厂,经常与储运部联系,看其有变动的是否与告知我们的情况不相符。对于因质量问题而少出或落下的订单,应及时与储运部交流,确保返工或重做的产品及时出运。

(五)产品质量

1. 监督工厂实行小批样生产测试

列出哪些订单需小批样测试并告知工厂,通知其未通过小批样生产前,不可开裁生产,及时盯紧工厂,只要缸样有确认,就与其确定试样时间。

2. 业务组应帮忙监督工厂的生产质量

每周去工厂看生产进度和质量,回来后写一份资料,告知其在生产产品的生产进度,辅料到样情况等。按标准的抽样方法抽样检验。

3. 如何处理质检部的检验报告

对于质检部写得不清楚的检验报告,应问明情况,及时给予意见或建议,并及时与工厂联系。

(六)样品

1. 寄样要及时

认真看懂客人及领导的邮件再下单,不清楚的地方要问清楚,一旦下单后,马上登记在生产进度表中,及时问清楚工厂的样品货号及日期。一周两次与工厂对进度,对于重要的样品要特别列出,经常同工厂沟通生产进度。

2. 样品价格

收到新的面料时,马上去工厂询问价格。保证在两天内问出。有拼块、绣花等特殊工艺的样品,及时要求工厂报价,保证在两天内拿到。

3. 样品卡片准确

所有样品卡片的内容,都要家用纺织品理单跟单员亲自再核对一遍,打卡片,打上去后再核对一遍。

4. 及时告知客人要晚的样品

对于重要的样品,要特别留意,如有可能晚,就单独发邮件告知客人情况。

5. 如何做好样品留样

样品留样要齐全,不齐的单独列出清单问工厂,没收到要坚持催,实在没布样的至少做法、颜色均要齐。收到工厂提供的新面料,客人确认后,马上让工厂给公司送1m来,做好留样工作。

【任务1-1】 家用纺织品订单业务开发

【任务要求】

1. 请制订一份家用纺织外贸公司和家用纺织生产企业的订单流程。

2. 请说明家用纺织企业订单业务跟进过程中理单员的工作内容。

一、订单业务的工作流程

订单作为买卖双方供销交易活动中的凭证,可便于家用纺织品外贸公司或家用纺织品生产型企业对订单的管理,方便理单员在实际工作中对订单资料的查阅。通常情况下,公司会根据自己的实际情况制订相应的订单管理制度及流程。订单的处理一般分为两种:外贸公司出口订单流程和生产型企业订单流程。

1. 外贸公司出口订单流程(图1-3)

2. 生产型企业订单流程(图1-4)

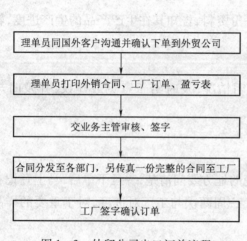

图1-3 外贸公司出口订单流程

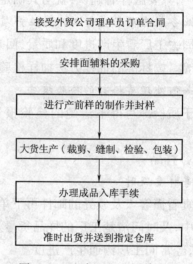

图1-4 生产型企业订单流程

二、订单业务中理单员的工作内容

(1)开发新客户,做好同客户之间建立合作关系的相关工作,维护公司的形象,向客户推荐本公司的新产品、新面料的花样稿。

(2)订单的打印,审核及分发工作。

(3)及时控制好订单生产的质量、数量,做好大货生产进度跟踪以及产品完成后的相关出货、结汇工作。

(4)公司内部各部门之间的协作、沟通。

(5)根据各工厂的生产特点和优势,合理安排订单给相关的工厂。并不断扩大接单生产的工厂范围。

(6)做好订单资料的整理、存档工作,便于同客户的交流和查阅。

(7)做好每个订单的成本核算,为以后接单时的报价做参考。

【任务1-2】 家用纺织品理单跟单新客户开发

【任务要求】分析并阐述家用纺织品理单跟单新客户开发的原则、途径及相关工作。

一、新客户开发的原则

新客户开发是家用纺织品企业发展的必然趋势,新客户开发主要依靠客户开发人员参加各类交易展销会,收集客户的产品需求信息,向客户提供优质的咨询服务。记录好新客户对产品的要求,如价格、款式、客户主要的市场定位及消费群体对品质性能的要求等。向客户解答的同时,使客户对本企业有所了解,如产品的种类及生产能力、目前主要销售国家及地区的市场占有率等。

新客户开发的原则主要有以下几点:

(1)以诚信服务为主体,打造双方共赢为目的。

(2)不断创新,开发设计新产品,吸引新客户。

(3)提高服务意识,强化服务质量,做好客户服务工作。

(4)及时处理回复客户的相关咨询、报价,寄送样品。

(5)客户开发人员(或企业)能赢得新客户的信任,从而得到新客户试单(或下订单)的机会。

二、新客户开发的途径

家用纺织品企业新客户通常包括国内外的家用纺织品进出口贸易公司,家用纺织品批发商、制造商,家用纺织品大型百货商店的采购商、连锁店、专卖店等。新客户开发的途径主要有以下三种。

1. 家用纺织品外贸公司主动联系客户

家用纺织品外贸公司理单员会根据客户的需求意向,及时同客户进行交流并为客户制作展示样或推销样,争取得到客户对该产品的确认,以此来得到客户的订单。通常情况下,这个办法对老客户比较好,在办公室通过网络、传真、邮件、电话就能做到。

2. 客户主动联系家用纺织品外贸公司

当遇到客户主动联系家用纺织品外贸公司时,外贸公司理单员要认真对待,分析客户需求信息的准确性,是否可以作为长期合作的客户,详细答复客户的咨询,彼此要深入了解,尽量得到客户的信任并下订单。

3. 老客户介绍新客户

通常情况下,老客户介绍新客户是非常好的方法,可以赢得新老客户的信任。在一定程度上说明企业的服务(例如产品的价格、质量、交货期,样品开发方面都使老客户满意)得到了老客户的认可,对新客户来说是一个可以信任的企业。

三、与新客户的初步联系及样品展示

家用纺织品生产型企业的客户主要有国内的贸易公司、国外贸易公司在国内的办事处。家用纺织品外贸公司的客户主要有国外的贸易公司,国外大型百货商店、连锁超市采购商,国外品牌超市的零售商及杂货商,也有一小部分为国外贸易公司在国内的办事处。

通常情况下,家用纺织品外贸公司或生产型企业在与新客户的初次联系中,会提交本公司或企业的产品宣传资料、生产能力及主要的经营范围和企业的特色产品,以便客户对其有一个初步了解,进而得到客户进一步洽谈或合作的意向。

四、初步洽谈的注意事项

家用纺织品企业根据客户的市场需求,结合自己企业的生产特点、生产能力及设备等,向客户展示其主要生产经营的产品宣传册或样品实物,并将合理的市场价格报给客户,初次的洽谈直接关系到以后双方合作的成功与否,在初次洽谈过程中应注意以下几点。

(1)报价要合理,不能随心所欲。

(2)展示给客户的样品要注意产品的版权归属问题(例如:面辅料花型的版权,包装宣传卡图片设计使用权,相关工艺技术参数及客户的商标使用权等)。

(3)寄给客户的所有布料小样、样品,都要做好留样工作,同时,对留样的样品要签署留样的时间及标注相关的确认意见(原样的留样方式有实物留样和实物拍照留样存档)。

(4)做好相关的客户服务工作,耐心解答客户的提问并做好记录。

五、成为固定客户的条件

家用纺织品外贸公司或生产型企业经过一段时间与客户的合作考察,彼此增进了解,客户的下单量也不断增加,同时客户也会考虑与外贸公司或生产型企业建立投资合资工厂的意向,从生产的源头上降低成本投入,增加利润空间。

近年来,家纺产品的需求量不断增加,产品的种类和款式也不断增多,这样便使家用纺织品外贸公司或生产型企业能得到更多固定客户,并将新客户变成长期合作的老客户,使家用纺织品外贸公司或生产型企业与客户达到双赢的目的。

六、加强服务

为了提高服务质量,增强服务意识,理单跟单人员与客户要建立良好的合作关系,要做好与客户沟通、联系的工作,重视对客户投诉问题的处理。对客户数量少、质量要求高的订单,在接单时就要做到心里有数,不能找各种理由来拒绝客人或者通过提高价格等附加条件使客户无法接受而放弃下单的意向。特别是对返单的产品,供应商(生产企业)往往存在侥幸心理,不重视生产过程中的颜色控制,造成因成品质量差、色差严重而导致客户索赔的情况。

七、其他准备工作

在与客户确立合作意向之前,需要准备好本企业的简介、主要生产的产品样本资料、生产能力、供应商的合作关系及老客户对企业的评价等相关信息资料。有时,客户会要求提供企业生产管理方面的资格证书、企业的各种管理文件、质量认证体系资格文件。这些资料足以证明企业接单的生产能力及配套的管理水平,能更容易得到客户的信任和下单的机会。

☞ 习题

一、单项选择题

1. 从事家用纺织品对外贸易的业务人员,通常称为( )。

A. 跟单员   B. 报检员   C. 单证员   D. 理单员

2. 小王在一家贸易公司从事验货工作,下面哪一项不符合其身份( )。

A. 理单员   B. 验货员   C. QC   D. 跟单员

3. 家用纺织品理单跟单广义上是指( )。

A. 内销家纺   B. 外销家纺   C. 内销家纺,外销家纺   D. 贸易公司

4. 下面哪一项不属于家用纺织品理单员的素质要求( )。

A. 外语知识   B. 办公软件知识   C. 图文软件处理   D. 服装专业知识

5. 下面哪一项不属于家用纺织品跟单员的素质要求( )。

A. 家用纺织品结构的基础知识

B. 家用纺织品面、辅料的鉴别知识

C. 家用纺织品制作工艺及质量检验要求

D. 家用纺织品销售能力

二、名词解释

1. 家用纺织品理单跟单的定义是什么?

2. 订单的概念是什么?

3. 订单的生存周期可分为哪几个阶段?

4. 家用纺织品理单跟单和跟单有什么区别?

5. 家用纺织品跟单的定义是什么?

三、问答题

1. 家用纺织品理单跟单的工作流程是什么?

2. 家用纺织品理单员的基本要求有哪些?

3. 请举例说明如何开展订单业务的开发工作?

4. 请阐述家用纺织品理单跟单如何开发新客户?

5. 编制一份客户开发信函,并着重说明本企业的生产能力情况,企业文化比较好,质量上乘,价格优惠,服务合作过的公司及产品的品牌等情况。

6. 家用纺织品理单跟单与家用纺织品跟单两者之间有什么区别?并举例说明。

情境2　家用纺织品理单跟单的前期跟单

学习要点

了解家用纺织品理单跟单前期跟单的工作流程,熟悉并掌握家用纺织品理单跟单前期跟单业务操作流程及规范的程序步骤。

学习难点

1. 家用纺织品理单跟单前期跟单的工作流程是什么?

2. 家用纺织品面料、辅料跟单的具体流程及内容是什么?

项目2-1　家用纺织品理单跟单的前期跟单基础知识

本项目主要是了解和掌握家用纺织品理单跟单的前期跟单基础知识。着重分析了家用纺织品理单跟单的前期跟单的相关的岗位技能,使家用纺织品理单跟单员对家用纺织品企业前期跟单的基础知识有一个全面的了解和认知的过程。

要做好家用纺织品理单跟单的前期工作,必须了解家用纺织品的基础知识及前期工作内容。

项目2-2　家用纺织品理单跟单前期跟单的工作流程

本项目主要是为了使家用纺织品理单跟单员,熟悉家用纺织品企业前期跟单的工作流程及工作内容要求。同时,在前期的工作流程中了解家用纺织品企业的生产运作流程,以及如何处理家用纺织品企业前期跟单工作过程中产生的问题。

家用纺织品理单跟单前期跟单的主要目的是为了整个订单的正常运作,做好前期的基础工作,前期跟单工作的质量,直接关系到成品质量的好坏。

【知识准备】

一、家用纺织品基础知识

(一)家用纺织品的分类

按家用纺织品的用途主要可以划分为帷幔幕帘类、床上用品类、餐厨用品类、地毯类、墙面壁挂类、家具覆饰类、卫生盥洗类等。常用家纺产品名称及原料的中英文对照见表2-1。

表2-1　常用家纺产品及原料的中英文对照表

中　文	英　文	中　文	英　文
餐垫	Placemat	圆抱枕套	Round cushion sets
圆餐垫	Roud placemat	床罩	Bedspread
杯垫	Coasters	床裙	Bed skirt
餐巾	Napkin	床罩套	Bedspread sets
桌布	Tablecloth	被子	Quilt
桌巾	Runner	被套	Comforters shell
椅垫	Chair cushion	枕头	Pillows
双面椅垫	Double - sided cushion	枕头套	Pillowcase
立体椅垫	Stereo cushion	四方形长方枕	Rectangular four square pillow
靠垫	Cushion	毯子	Blankets
靠垫套	Cushion cover	地垫	Rug
窗帘	Curtain	弧形边	Curved edge
浴帘	Shower curtain	拉链	Zipper
墙画	Praw wall	里衬,黏衬	Lining
圣诞袜	Christmas socks	喷胶棉	Polyester padding
塑料袋	Plastic bags	棕色PP棉	Brown fiber
宣传卡	Promotional card	布	Fabric
泡沫粒子	Foam particles	非织造布	Non-woven fabric
塑料	Plastic	纽扣	Button
吊穗	Hanging sui	棉	Cotton
双色吊穗	Two-color hanging sui	涤纶	Polyester
吊穗流苏	Fringe tassel hanging	腈纶	Acrylic
绳子流苏	Tassel rope	锦纶	Polyamide
珠子流苏	Bead tassel	氨纶	Spandex
球流苏	Ball tassel	尼龙	Nylon
洋葱流苏	Fringe onion	丙纶	Polypropylene
人工花边	Hairlace	黏胶纤维	Viscose fiber
绳子	Rope	人造棉	Spun rayon
双色绳子	Two-color rope	人造丝	Rayon

(二)家用纺织品的特点及要求

家用纺织品的主要特点有装饰性和功能性。家用纺织品能在一定的程度上起到美化居室环境、提高生活质量的作用。

1. 装饰性

家纺产品不仅是作为人们日常生活的必需品,更多的则是通过不同的材料、色彩、款式、工艺手法来达到一定的视觉效果,结合家纺产品设计的美学原理,通过点、线、面的组合形式,起到装饰居室空间的作用。

2. 功能性

家用纺织品的功能性体现在其能满足人们生活必需的实用性、舒适性,针对不同的场合、环境,家纺产品呈现出不同的作用。

3. 家用纺织品的要求

人们对家用纺织品的要求主要有以下四个方面:

(1)款式、材料质地、色彩、价格等符合消费者的需求及接受能力。

(2)产品的质量、性能符合国际标准、行业标准、企业标准。例如,色牢度、防水性、防污性、阻燃性等。

(3)家纺产品应使用绿色环保材料。

(4)配套产品应符合整体搭配的协调性、统一性。

二、家用纺织品生产中的常用术语

(一)生产中的成品名称

家用纺织品的成品名称除了常规产品的通称外,还可以根据产品所使用的面料、缝制工艺方法、实际用途来命名。家用纺织品成品名称见表2-2。

表2-2　家用纺织品成品名称

产品种类	产品的名称
窗帘	穿杆窗帘,挂钩式窗帘,吊钩式窗帘,罗马式窗帘,遮光窗帘,铁圈窗帘,印花窗帘,植绒窗帘,涤/棉窗帘,褶裥窗帘,全棉窗帘,竹窗帘,提花窗帘等
床上用品	床上用品3件套、4件套、5件套、6件套、7件套、8件套、9件套、10件套、被子,枕套,床裙,席梦思罩,床单,床围,抱枕等
餐厨用品	台布,餐垫,桌巾,吊穗桌巾,杯垫,花边台布,PVC餐垫,全涤围裙,隔垫手套,微波炉手套,煲垫,椅垫,椅子套,餐厅椅子套,海绵椅垫等
靠垫	靠垫套,充棉靠垫,开口靠垫,褶裥靠垫,纽扣靠垫,拉链靠垫等
窗帘头子(帘头)	穿杆帘头,吊钩式帘头,三角帘头,双层帘头,A/B版拼块帘头,木珠式帘头等
浴帘	防水浴帘,全涤浴帘,拼块浴帘,金属圈浴帘,铁圈浴帘,纽扣眼式浴帘
卫生盥洗用品	儿童手帕,毛巾,全棉毛巾,斜纹印花手帕,马桶坐垫,儿童毛巾,浴巾,抽水马桶套,垃圾桶套,地毯,浴衣,卫生纸套等

(二)生产中各部位、各部件名称

(1)长度:产品经向方向两点之间的距离。

(2)宽度:产品纬向方向两点之间的距离。

(3)高度:产品垂直方向两点之间的距离。

(4)止口:产品最边缘的位置。

(5)折边:一定宽度的卷边,折边是产品中最普遍的缝制工艺方法。

(6)底边:产品底部折起的那部分缝份的量。

(7)倒顺毛方向:面料上毛的方向。

(8)定位:产品上的标记位置。

(9)定位圈:产品上的小圆圈。一般常见于椅垫、靠垫、被子等产品上。

(10)单压止口线:产品止口处只有一道明缉线。

(11)双压止口线:产品止口处有一道以上的明缉线。

(12)压线间距:两道缉线之间的距离。

(13)拼缝:两块面料拼合的缝份处。

(14)贴边:产品上用相同或不同面料相拼的边。

(15)绣花产品:在面料或产品上用绣花机器或手工绣有图案的产品。

(16)吊钩:窗帘顶部用来悬挂的扣襻。

(17)绑带:产品上用来起固定作用的绳带子。

(18)底布外吐:产品中下面一层面料略大于上面一层的面料。

(19)开口方向:产品中封口、拉链、纽扣的开口朝向。常见于被套、靠垫、椅垫等产品。

(20)滚条:产品边缘处进行包边的条状部件。

(21)嵌线:用来滚条的小布条。

(22)钉纽扣:缝制固定纽扣的方式。

(23)锁眼:缝制纽扣的孔眼。

(24)贴黏合衬:在需要的部位敷黏合衬。

(25)敲铁圈圈:产品顶部位置固定铁圈,用来悬挂产品。

(26)纽眼间距:两个纽眼之间的距离。

(27)PVC 内衬:产品的面与里之间内衬的一种材料。

(28)穿杆位:指窗帘或窗帘头子顶部处用来穿杆悬挂产品的部位。

(三)相关设计的名词术语

(1)结构设计:产品结构造型的部件组合。

(2)结构图:产品的外形轮廓平面或立体图示。

(3)款式:产品的外观式样。

(4)款式设计:产品款式的变化组合设计。

(5)系列设计:产品整体配套的或成套的设计。

(6)图案设计:产品上的图案形状设计。

cut here

cut here

cut here

cut here

cut here

cut here

cut here

cut here

cut here

cut here

cut here

cut here

cut here

cut here

cut here

cut here

cut here

cut here

cut here

cut here

cut here

cut here

cut here

cut here

cut here

cut here

cut here

cut here

(7)色彩设计：产品上的颜色搭配。

(8)面料设计：产品所使用面料的搭配形式。

(9)风格设计：产品的整体定位。

(10)工艺设计：产品所使用的加工缝制方法。

(11)设计主题：产品的主要内容及创作的背景介绍。

(12)设计构思：产品的主要创作理念。

(13)印花设计：产品印花图案、工艺等的设计。

(14)织物组织设计：面料的组织结构变化设计。

(15)绣花设计：绣花产品的花型图案制作。

(16)制板设计：产品的样板制作。

(17)计算机辅助设计：产品利用计算机相关软件进行的辅助性设计。

(18)设计草图：产品的手绘图示。

(19)裁剪排料图：裁剪用的排料图。

(四)产品保养、洗涤标识

家用纺织品的品种较多，所使用的材料也各不相同，通常家用纺织品成品都附有洗涤使用说明、面料成分、保养方法的标签，此标签即是通常所说的水洗标。消费者在选购或洗涤时可以参照水洗标上的相关内容，应避免因洗涤、保养方法不当而造成成品褪色、染色、破损等现象。

1.产品保养

产品保养应注意以下六个方面：

(1)产品第一次使用前应用清水漂洗一次，可以将产品表面的灰尘、浆渍洗干净，防止其与皮肤接触产生过敏的现象。

(2)在清洗之前应仔细阅读产品的洗涤说明，选择合适的洗涤方法，以延长产品的使用寿命。

(3)保持环境清洁干净，防止产品发生霉变、泛黄，影响外观。

(4)浅颜色和深颜色的产品要分开洗涤、存放，避免沾色。

(5)靠垫、椅垫、被子等产品要经常在阳光下晾晒，以使产品恢复蓬松度。

(6)如果阳光照射强烈，可以选择再加一层遮阳窗帘，这样可以延长窗帘的使用时间。

2.洗涤标识

家用纺织品水洗内容包括洗涤、漂白、干燥、熨烫四个部分。洗涤标识可以用符号或文字说明。这里特别要指出的是，在选择水洗的内容时，不能自相矛盾。

(1)一个水洗标上同一类型的符号只能出现一次，如手洗或机洗。

(2)水洗内容不能相互抵触，如果出现不能拧干，则不能采用机洗，也不能用滚筒烘干。只能选择手洗或晾干。

(3)产品不能水洗时，必须要注明是干洗或点洗。

3.家纺产品常用的水洗内容组合

(1)Hand wash cold, separately. Do not bleach. Do not wring, dry flat. Warm iron if needed. 单独

分开冷水手洗,不能漂白,不能拧干,平摊晾干,需要时可中温熨烫。

（2）Machine wash cold with similar colors, gentle cycle. Do not bleach. Line dry. Cool iron if needed. 相似颜色冷水机洗,轻柔挡,不能漂白,挂干,需要时可低温熨烫。

（3）Machine wash warm. Do not bleach. Tumble dry. Warm iron if needed. 温水机洗,不能漂白,滚筒烘干,需要时可中温熨烫。

（4）Do not water wash, do dry clean. Do not bleach. Do not iron. Do not tumble dry. 不能水洗,只能干洗,不能漂白,不能熨烫,不能滚筒烘干。

（5）Machine wash cold with similar colors. Gentle cycle. Only non – chlorine Bleach when needed. Tumble dry low. Cool iron if needed. 相似颜色冷水机洗,轻柔挡,需要时可非氯漂;低温滚筒烘干,需要时可低温熨烫。

（6）100% Polyester. Spot clean only. 100% 涤纶,只能点洗或擦洗。

4. 常用的家纺产品水洗符号及说明（表 2 – 3）

表 2 – 3　常用的家纺产品水洗符号及说明

序　号	水洗符号	中　文	英　文
1	◯	干　洗	dry – clean
2	⊗	不可干洗	do not dry – clean
3	△	可漂白	bleach
4	▲	不可漂白	do not bleach
5	⊠	只能手洗	hand wash only
6	⊠	不可洗涤	do not wash
7	Ⓟ	可用各种干洗剂干洗	compatible with any dry – cleaning methods
8	⌂	熨　烫	iron
9	⌂	低温烫（100℃）	iron on low heat

序 号	水洗符号	中 文	英 文
10		中温烫（150℃）	iron on medium heat
11		高温烫（200℃）	iron on high heat
12		不可熨烫	do not iron
13		无温转笼干燥	tumble dry with no heat
14		低温转笼干燥	tumble dry with low heat
15		中温转笼干燥	tumble dry with medium heat
16		高温转笼干燥	tumble dry with high heat
17		不可转笼干燥	do not tumble dry
18		悬挂晾干	hang dry
19		随洗随干	dry
20		平放晾干	dry flat
21		洗 涤	line dry
22		冷水机洗	wash with cold water
23		温水机洗	wash with warm water
24		热水机洗	wash with hot water

三、家用纺织品成品的规格及表示方法

（一）家用纺织品常规产品的规格及表示方法

家用纺织品常规产品的规格见表2-4。

表2-4　家用纺织品常规产品的规格

产品种类	产品名称	规格	
		cm	英寸
床上用品	被　子	173×218	68×86
		218×218	86×86
		218×244	86×96
		229×239	90×94
		274×239	108×94
		284×244	112×96
		254×234	100×92
		279×244	110×96
		244×234	96×92
	床　单	213×244/10	84×96/4
		229×259/10	90×102/4
		274×259/10	108×102/4
	枕　套	51×66	20×26
		51×76	20×30
		51×91	20×36
	床裙/席梦思罩	99×191/38	39×75/15
		137×191/38	54×75/15
		152×203/38	60×80/15
		198×203/38	78×80/15
靠　垫	靠　垫	30×46	12×18
		41×41	16×16
		46×46	18×18

产品种类	产品名称	规　格	
		cm	英寸
靠　垫	靠　垫	51×51	20×20
		66×66	26×26
		69×69	27×27
	抱　枕	15×41	6×16
		18×46	7×18
		20×46	8×18
		23×46	9×18
帷幔幕帘用品	窗　帘	147×137	58×54
		147×183	58×72
		147×213	58×84
		147×229	58×90
		132×160	52×63
		132×213	52×84
		132×241	52×95
		102×213	40×84
		107×213	42×84
		142×213	56×84
		137×213	54×84
		137×241	54×95
		137×274	54×108
	窗帘头子	178×36	70×14
		132×43	52×17
		137×46	54×18
		145×43	57×17
		127×46	50×18
		142×46	56×18
		132×64	52×25
		142×56	56×22
	浴　帘	178×183	70×72
		183×183	72×72

续表

产品种类	产品名称	规　格	
		cm	英寸
餐桌用品	餐　垫	33×46	13×18
		33×48	13×19
		36×48	14×19
		φ20	φ8
		φ33	φ13
	桌　巾	33×91	13×36
		33×137	13×54
		33×183	13×72
		33×274	13×108
		36×183	14×72
	餐　巾	43×43	17×17
		46×46	18×18
		51×51	20×20
	台　布	132×132	52×52
		132×178	52×70
		152×213	60×84
		152×259	60×102
		152×305	60×120
		152×366	60×144
		φ152	φ60
		φ178	φ70
	椅　垫	46×46	18×18
		51×51	20×20
		38×43	15×17
	地　垫	51×69	20×27
		61×61	24×24
		198×249	78×98
		178×269	70×106
		239×300	94×118
		269×361	106×142

注　1 英寸≈2.54cm,在实际生产过程中,往往采取四舍五入的原则。

(二)国外特殊产品的规格及表示方法

近年来,国外对圣诞节所用的家纺产品需求量不断上升。为了营造圣诞节日的气氛,往往会选购大量的餐桌用品、圣诞节挂饰(圣诞树裙和圣诞袜子)等。下面主要介绍一下圣诞节挂饰(圣诞树裙和圣诞袜子)的规格,见表2-5。

表2-5 圣诞节挂饰产品的规格

序 号	产品名称	规 格	
		cm	英寸
1	圣诞树裙	φ147	φ58
		φ152	φ60
		φ157	φ62
2	圣诞袜子	38×56	15×22
		36×58	14×23
		38×61	15×24

四、家用纺织品的工艺设计

家用纺织品生产工艺是家用纺织品企业生产过程中的重要环节。家用纺织品生产工艺主要包括裁剪工艺、缝制工艺、装饰工艺、包装工艺。

(一)裁剪工艺

裁剪工艺是家纺产品生产过程中将整匹布料按照款式要求裁剪成不同规格的裁片。裁剪工艺是生产中的首道工序,是产品缝制之前必须要经过的一个重要环节。

(二)缝制工艺

缝制工艺随款式变化而有所不同,缝制工艺手法的不同使成品具有不同的视觉效果。

(三)装饰工艺

装饰工艺技法众多,不同的装饰技法可以组合成不同风格的装饰效果。

(四)包装工艺

包装工艺是产品和消费者见面的第一印象,同时也是对企业文化及产品的宣传,包装工艺直接影响产品的运输和销售情况。

五、样品开发跟单

在新样品的开发过程中,一定要了解所开发产品的使用性能、消费市场、消费者的社会层次,做好完整的市场调研。同时,要根据客户的修改意见进行开发,并制作新样品提供给客户。新样品的开发可帮助供应商争取更大的市场和更多的机会,从而把新样品转化成实际生产订单。

(一)客供原样产品的开发

客供原样产品的开发是指根据客户提供的产品实样及附加的修改意见或产品的款式工艺

图,由外贸公司或生产型企业选择相应的面辅料进行样品试制,并及时把试制的样品提交给客户确认。客供原样产品开发时需要注意以下五点:

(1)对客供原样面辅料的品质、颜色、色牢度、价格进行评审。

(2)寻找面辅料供应商时,不能破坏客供的原样,便于原样完好地寄还给客户,特殊情况除外。例如,家用纺织品企业第一次接受客供的原样,在试制样品时若不能确定其原料及生产工艺,在得到客户的允许后,可以拆开原样来分析产品的原料及工艺方法。

(3)试制样品用的面辅料要以客供原样及客户提供的附加修改意见为依据。

(4)试制样品时,严格执行相关的工艺技术要求,及时提交样品给客户确认,减少不必要的修改或返工。

(5)一定要做好留样工作及相关工艺技术参数的详细记录并存档,以便于同客户进行沟通、交流,及时调整样品的各项要求。同时,客户一旦确认样品后,生产部门可以留样的样品为依据进行首件样品的制作并及时安排大货生产。

(二)新样品的开发

新样品的开发是家用纺织品企业发展的重要途径,根据企业自身的生产特点及资源优势,可以开发新的样品提供给新老客户,新样品开发投入的力度和开发的能力代表了家用纺织品企业的综合实力。新样品开发面临的困难有以下五个方面,需要样品设计开发人员不断地去努力完善。

(1)新样品投入成本大,回报与投入不一定成正比。

(2)新样品开发人员的综合素质有待提高,要有创新、独特的见解,把握好流行时尚,并与市场相结合。

(3)新样品开发缺少正确的市场引导,市场调研的力度不够,缺乏团队的合作精神及信任度。

(4)新样品开发的效率不高,应保证新样品开发的独创性,新样品制作的准确性、及时性。

(5)新样品开发试样时要做好留样工作,留样和寄送给客户的新样品要保证面料和辅料的品质、颜色,缝制工艺方法、水洗标位置、缝纫线颜色等都要一致,要有详细的记录并将新样品留档。

(三)颜色小样及手感样的确认

颜色小样及手感样是指供应商在大货生产之前提供给客户的面辅料样品,便于客户根据市场需求来确认样品的品质及性能,包括颜色、布面风格特点、经纬密度、手感等。颜色小样及手感样作为大货面辅料生产的依据,直接影响大货生产的进程和质量。

在前期生产阶段,跟单员要将面辅料的品质、颜色提供给客户确认。同时做好留样存档工作。同时,协调并确认好大货生产的交货期,以便于工厂合理安排大货面辅料的生产,确保生产的有序进行。

六、询价、报价技巧

在家用纺织品贸易活动过程中,理单跟单员与客户的交易洽谈过程即为接订单的过程。在洽谈的过程中,往往会涉及询价、报价方面的内容。理单跟单员为了保证自己能接到客户的下单,又能有足够的利润空间,除了提高产品质量和新产品的开发外,还需要掌握询价及报价的技巧。

(一)询价

询价是指买卖双方的一方向另一方询问买卖该产品的相关交易条件。在实际操作过程中,询价的内容主要以对价格的询问为主,有时也会涉及产品的尺寸规格、数量、品质要求、包装、交货期及索取样品等。询价并不一定会有订单,只表示双方购买或销售该产品的意向,询价也有可能是为了了解目前该产品的市场行情,买卖双方或多或少都会有所保留。因此,询价对买卖双方无法律效力,双方都要慎重对待询价,以免给自己的企业造成不良的影响。

(二)报价

1. 家用纺织品报价时应注意的事项

(1)结合企业自身发展的需要,在市场的竞争中保持平衡的心态,报价合理适中。

(2)根据客户的工艺技术、质量及包装要求,结合当前国内外市场的供需情况,及时了解面辅料、包装辅料等相关制造费用及成本,做到对原辅料成本费用心里有数,报价时可作为参考依据。

(3)结合客户的采购意图、采购的数量、最终的质量要求及消费群体进行报价,赢得有利的利润空间。

(4)报价时一定要实事求是,以诚信为主,这样才会赢得客户的信赖。

(5)要及时了解同行之间的价格波动,便于同客户谈判时将更合适的价格报给客户,争取客户的下单,即坚持薄利多销的原则。

2. 家用纺织品出口报价的基本技巧

买卖双方在交易过程中需要用价格术语来明确双方的利益、相关的费用及承担的责任风险。在国际贸易中用得比较多的是采用《国际贸易术语解释通则》中的六种价格术语:FOB、CFR、CIF、FCA、CPT 和 CIP 。这些术语的比较见表2-6。

表2-6 六种价格术语的比较

国际代码	中文名称	交货地点	风险责任界定点	运输费用办理	保险费用办理	出口手续办理	进口手续办理	运输方式
FOB	装运船上交货价	出口国家指定装运港指定船上	货过船舷	买方	买方	卖方	买方	海运
CFR	成本加运费价	出口国家装运港	货过船舷	卖方	买方	卖方	买方	海运
CIF	成本加保险加运费价	出口国家装运港	货过船舷	卖方	卖方	卖方	买方	海运
FCA	货交承运人价	出口国家指定交货地点	货交承运人	买方	买方	卖方	买方	任何

国际代码	中文名称	交货地点	风险责任界定点	运输费用办理	保险费用办理	出口手续办理	进口手续办理	运输方式
CPT	运费付至……价	出口国家指定交货地点	货交承运人	卖方	买方	卖方	买方	任何
CIP	运费、保险费付至……价	出口国家指定交货地点	货交承运人	卖方	卖方	卖方	买方	任何

注　1. FOB、FCA 后应注明装运港口或交货地点,而其他的四个属于后面应注明目的港口或目的地。

　　2. FOB、CFR、FCA、CPT 买方应及时办理保险。

家用纺织品出口价格主要包括成本、经营管理费用和预期利润等。成本包括原材料成本、加工费用和采购成本。由于每个公司都会考虑自己的经营管理费用、付给中间商的佣金、国内外的相关保险费用、文件资料费用及通信费用等,所以在向客户报价时各公司都会采用不同的预期利润基数进行报价。通常情况下,我国的家用纺织品企业大多数采用 FOB、CFR、CIF 三种术语进行报价。

（1）FOB、CFR、CIF。

$$FOB 价 = 成本价 + 国内费用 + 净利润$$

$$CFR 价 = 成本价 + 国内费用 + 国外费用 + 净利润$$

$$CIF 价 = 成本价 + 国内费用 + 国外费用 + 国外保险费 + 净利润$$

如某家用纺织品外贸公司出口一批窗帘,工厂报价为 15.5 元/条,外贸公司的各项费用共计 2.8 元/条,公司所定的利润率为 12%（出口成本为基础）,请问每条窗帘的 FOB 价应为多少美元？（1 美元折 6.1184 元人民币）

$$FOB 价 = \frac{15.5 + 2.8 + (15.5 + 2.8) \times 12\%}{6.1184} = 3.35（美元）$$

（2）FCA、CPT、CIP。

$$FCA 价 = 进货成本价 + 国内费用 + 净利润$$

$$CPT 价 = 进货成本价 + 国内费用 + 国外费用 + 净利润$$

$$CIP 价 = 进货成本价 + 国内费用 + 国外费用 + 国外保险费 + 净利润$$

七、产前确认样的制作

（一）产前样的确认

客户产前确认样是大货生产之前经过客户审核确认的样品,大货生产时要严格按照产前确认样的要求来完成。所以产前样的制作是非常重要的,产前样的制作工艺要考虑到大货生产时是否可以做到。一般情况下家用纺织品企业的产前样是由打样车间或缝制车间班组长制作的。产前样制作的面辅料必须要经过客户的确认,面辅料必须是大货生产所用的面辅料。产前样的制作过程中,跟单员一定要把好质量关,有的客户对产前样的确认时间比较长,影响了生产的进度,跟单员对制作成品的产前样要先进行工艺、款式、面辅料的检验,减少客户对产前样的多次确认。理单员要积极与客户交流、沟通,以便在制作产前样时可以按客户的要求及时修改工艺,使客户及时对寄送的产前样进行确认。

(二)订单评审

订单评审就是对订单合同进行分析,评审具体订单操作的可行性,使跟单员在与客户的多次沟通后理解订单的具体要求,使生产的执行者、操作者能理解订单的具体工艺流程。订单评审过程通常要注意以下几个问题:

(1)订单在执行过程中受到工艺技术或生产设备的制约。

(2)订单的数量大小直接影响面辅料的起订量、染色缸差、能否在订单合同的交货期内准时交货、是否可以分批次交货等问题。

(3)根据企业自身的实际生产能力,合理安排生产进度,制订生产计划并做好跟进工作。

(4)根据订单的工艺技术要求,评审在大货生产过程中是否可以达到原样的工艺技术要求,对做不到的工艺要求及时提前向客户说明,并提供采用别的工艺方法制作的样品供客户确认后方可进行大货生产。

(5)价格、成本、利润是订单评审需要特别关注的问题,由于成本提高,特别是对于翻单的订单,有可能用原来的价格达不成交易,客户不以原来的价格作为成交价,那么,在订单评审时需要注意面料的克重。针对不同的产品,可以与客户商量降低面料克重或简化缝制工艺,得到客户确认后方可执行。

(三)签订合同

签订合同是买卖双方在交易活动中不可忽视的一个环节,签订合同表示当事人双方在自愿、平等、互利、诚信的基础上经过多次的磋商达成一致的协议。签订合同时要注意以下几点:

(1)合同的内容要明确,文字用词要严谨,切忌含糊不清很概括的说明。

(2)合同的附加条件,如违约责任、运费的承担、使用客户提供的图案设计吊牌等引起责任、工艺要求、质量要求标准都要一一列明。

(3)签订合同要明确合同生效的时间及相关的合同份数,以明确双方当事人作为合同执行的依据。

八、理单跟单前期工作常见问题及处理(案例分析)

家用纺织品理单跟单前期工作涉及的范围比较广,理单跟单人员在前期工作中需要保持良好的心态,了解掌握家用纺织品专业基础知识,积极和客户沟通。前期工作的失误会直接影响大货生产的进程,延误交货期,给客户留下不好的印象。

下面举例说明家用纺织品理单跟单前期工作中常见的问题及处理技巧。

案例1：

　　由于交货期时间紧张,理单员提交给客户的布样没有得到客户的回复,就安排大货面料的生产,结果客户不确认大货面料的品质及颜色。

　　处理:

　　在家用纺织品理单过程中会遇到类似的情况,理单员在把面料小样提交给客户确认的同时,一边又安排大货面料生产,以免造成生产上的延误。因为交货期对新订单而言存在很大的风险系数。如果是老客户,经常翻单的产品,那么这样操作存在的风险系数会降低一些。家用纺织品理单员在前期的操作过程中,一定要遵循以客户为中心的原则,所有的布样、产前样品、辅料小样的品质、颜色必须经过客户的确认,包括翻单的操作,相应的布样和辅料的品质、颜色也必须经过客户确认,除非客户有书面文字说明,对于翻单的订单要和以前订单生产产品的品质、颜色一致。

案例2：

　　某外贸公司接到国外客户订单,要求生产一批窗帘,已安排大货面料生产。在染色阶段,接到客户通知要求大货出货前必须要有产品的面料测试报告,否则不接受该批次窗帘。

　　处理:

　　家用纺织品理单跟单人员在实际的操作过程中,会遇到由于面料染色成本等因素造成的类似问题,通常情况下,处理方法有以下两种:

　　(1)理单员应及时通知面料染色工厂,并把客户的相关测试要求告知面料染色工厂,使其在染色过程中重视染色质量,以便面料经染色后能通过相关部门的测试。

　　(2)如果面料染色工厂明确答复,该批次面料因理单员在下单时没有明确指出面料需要通过某些测试,同时,面料已按原来确认的要求、价格进行染色,面料染完后如果通不过测试的话,那理单员只能重新下一张面料采购单。

【知识拓展】

一、订单合同的签订及确认

(一)订单合同的签订原则

　　订单合同的签订是买卖双方交易的重要凭证之一,可约束双方在交易过程中按照订单合同的约定进行交易,避免损害双方当事人的经济利益,使双方在交易过程中都能得到相应的权利并尽到各自的义务。因此,买卖双方在洽谈磋商之后如果达成合作意向,一般情况下都会制订订单合同的文本,把洽谈磋商的结果细则化、规范化、制度化。订单合同的签订原则一般有以下几点:

　　(1)讲信用,买卖双方以诚相待,坚持实事求是的原则。

　　(2)订单合同中应明确各项内容,数量、颜色、包装的要求、交货方式和地点、货款支付形式、质量验收标准以及违约方应承担的违约责任。

（3）坚持以国家法律为依据，编制相应的细则规范文本。

（4）订单合同的签订坚持平等互利的原则，以此来达到双方共赢的目的。

（5）应确保买卖双方在签订订单合同时是自愿的，买卖双方签订合同时都具有民事责任，否则视为无效合同。

（二）订单合同的形式

订单合同的形式，是买卖双方当事人协商后达成一致的方式，应表明当事人协商的具体内容。通常情况下，家用纺织品外贸公司和生产型企业在实际订单操作过程中常见的合同形式主要有以下两种。

1.书面形式

书面形式是指买卖双方当事人以文字的形式表达订单合同的内容。这种形式最为常见。同时，书面形式的订单合同书明确双方应享有的权利和应尽的义务，并明确如有一方违约，应承担的经济损失赔偿问题，当订单合同因产品质量、包装质量不合格或交货期延误而产生争议时，订单合同可以作为双方争议时最原始的凭证。

书面形式的订单合同书，同时也要保留买卖双方当事人在订单生产过程中发生的因增加或减少非根本性条款需修改合同时的往来邮件，传真件的确认信函，这些修改后的资料也是订单合同的范畴。书面形式的合同经供应商（卖方）盖章确认后才能具有法律效力。

2.口头形式

长期合作的买卖双方，有时为了方便，在订单生产进度紧急的情况下往往采用邮件、电话等口头形式追加或减少订单的数量或更改包装方法。

理单员在处理电子邮件、电话等口头形式的订单时，需要注意的事项有以下三个方面：

（1）对客户以电子邮件或传真形式所下的非正式订单，理单员要积极主动地和客户沟通相关的订单合同事宜，并落实到位。争取得到客户的明确指示，提供产前样、样品给客户确认后才可以正式运作，进行大货生产，这样可以避免产生误会及造成经济损失。

（2）对与客户订单合同相关的资料做好存档、整理的工作。便于翻单时可以查阅最原始的文件资料。

（3）对客户以电话所下的订单，理单员要主动同客户沟通，争取得到客户提供的文字、图片、工艺单资料，便于大货生产时有据可查，以确保双方的利益，因为口头的交流并不能作为存档的依据。

（三）订单合同的内容

订单合同的内容主要参照经济合同法的法律条款，保障合同当事人双方的权利和应尽义务，由当事人双方在平等互利的基础上约定合同相关条款。家用纺织品订单合同包括以下几部分：

1.合同的抬头

订单合同的抬头包括买卖双方的公司名称、详细的传真号码、电话号码、公司地址、合同的编号、交货地点。

2. 合同的主要条款及要求

订单合同的主要条款是合同的核心内容。包括产品的名称及货号、颜色、数量、价格、产品规格、货款付款方式、质量验收标准、运输方式及运费的承担方、违约事项的赔偿、产品的款式说明、工艺要求及包装说明、纸箱质量要求、备注及其他说明事项。

3. 合同的结尾

订单合同的结尾主要包括合同的效力范围、合同的份数、合同的附件文本资料及双方的签字并盖章、签订的日期。

（四）订单合同的确认

经买卖双方当事人签字并盖有双方公司公章的合同即视为双方的交易关系成立,并受到法律的保护。卖方应严格按照订单合同的各项具体要求进行生产,并准时交货。买方应履行订单合同的约定,及时付款,同时对卖方的生产过程进行技术指导,及时发现生产中存在的问题并督促卖方进行整改。订单合同签订后,如果发生增加或减少订单合同的非根本性条款时,必须要经买卖双方的再次协商并达成一致结果,否则视为无效合同。买卖双方要严格履行订单合同中各自的义务,不要因小失大,不要因订单合同的金额小、数量少而不重视生产,也许这个小订单正是大客户试单的一个过程。

二、合作工厂的开发

（一）合作工厂信用的开发

在家用纺织品国际贸易中,很多客户对供应商提供的生产型工厂会进行评审,其主要目的是为了判断家用纺织品外贸公司所组织的生产工厂的生产能力及各项管理体系是否符合客户对供应商的行为评审准则。同时,家用纺织品外贸公司为了得到客户的信任和长期合作,在选择生产工厂时会严格甄选并判断其是否符合客户的验厂要求。欧美国家的家用纺织品采购商对生产工厂进行评审时,由于不熟悉工厂情况,一般比较容易通过验厂。有的客户会委托第三方进行评审验厂,第三方评审公司是专业的验厂机构,对目前工厂存在的问题了如指掌,这就需要生产工厂去配合客户的评审内容要求,改善企业的软硬件设施及质量管理体系、公司的规章制度、福利待遇、环境保护等。

（二）合作工厂生产计划与控制

家用纺织品外贸公司在合作工厂的开发阶段就会先对它的生产能力和生产控制进行前期评审,并判断其在接受订单生产任务后是否能胜任。

1. 生产计划评审

主要考察合作工厂的生产进度安排能力,出货的及时率,生产计划的预计完成日期与实际完成日期的情况以及各部门之间的配合程度。

2. 生产控制评审

主要考察合作工厂每个生产车间的生产日报表,每周的生产进度表,生产部门的生产会议记录等,以此来判断合作工厂对生产进程计划的控制实施效果是否显著,合理地控制生产有利于合作工厂及时安排生产并准时完成订单。

(三)质量管理计划与控制

1.质量管理计划评审

主要考察家用纺织品企业的组织结构体系、质量管理体系的文件资料,产品的检验作业指导书,检验日报表及不合格品的记录表,不合格品的处置意见表等。

2.质量控制评审

质量控制评审主要是对家用纺织品企业在生产过程中的质量控制能力的评审。家用纺织品企业需要提供相关质量方面的记录资料,质量管理人员的实际控制能力,质检人员的质量意识及检验水平,提高质检人员检验水平的培训记录档案。

3.面辅料质量的评审

主要考察家纺企业对面辅料质量的控制能力及检测色差的灯箱设备,面辅料缸差的检验及评定方案,面辅料仓库的管理制度。

4.大货生产进程的质量评审

大货生产进程的质量评审大致可以划分为四个阶段:裁剪、缝制、检验、包装。

(1)裁剪:评审裁片的质量,裁片的尺寸、色差,分包的数量,缸差以及裁剪进度的跟进记录。

(2)缝制:评审主要包括缝制的设备,缝制管理人员的管理能力,缝制工人的实际操作水平,缝制车间生产设备的维修记录,断针回收及记录存档表,缝制工人的技术培训记录表。

(3)检验:主要目的是为了杜绝不良品进入包装环节,控制缝制工人的缝制质量,减少产品的报废率。主要评审检验记录表及检验现场工作情况。

(4)包装:评审主要包括内在的包装质量以及包装的区域环境卫生,整烫外观无污渍,无褶皱现象的产生,包装的数量正确、颜色无色差。缸差符合色差评定要求,包装成品的堆放管理记录,货物的出入库记录。

三、家用纺织品理单跟单前期质量管理

家用纺织品理单跟单的前期质量管理中,控制家纺产品的面辅料的品质、颜色、克重、门幅、家用纺织品成品的原材料成本在成品中占重要的一部分。因此,家用纺织品理单跟单的前期要控制面辅料的质量、确保品质达到客户的要求。家用纺织品理单跟单员要掌握面辅料的相关基础、常用的面辅料及材料的选用及鉴别方法。

(一)家用纺织品面料基础知识

1.家用纺织品面料常用原料的种类

家用纺织品面料常用的纺织原料分类见图2-1。

家用纺织品面料直接影响产品的造型、质地、风格,同一产品上可以使用各种面料进行搭配,形成独特的产品风格。面料的成本在家用纺织品成本中占60%~70%。在实际的跟单过程中,面料的质量问题是客户投诉的主要焦点。因此,有必要了解家用纺织品面料的相关知识,从生产的源头上去控制面料的质量。

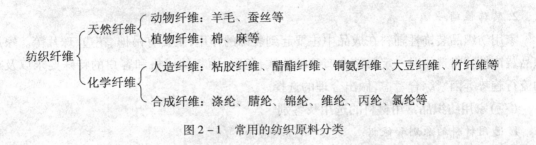

图 2-1 常用的纺织原料分类

2. 家用纺织品常用面料的风格

（1）棉。棉具有透气性能好、手感柔软、保暖的特点。随着人们环保意识的增强,以棉为主要材料的家用纺织品越来越多,特别是与人们皮肤接触比较多的床上用品,绝大多数消费者会选择全棉的产品。

（2）麻。麻纤维具有吸湿、透湿性好,强度高,不易发霉等特点。在家纺产品中占有一定的市场空间,如麻餐垫、麻窗帘、麻地毯、麻蚊帐等。

（3）蚕丝。蚕丝具有光泽好、手感柔润光滑、质感轻盈飘逸的特点。蚕丝品种繁多,是高档家用纺织品市场的主力军,如蚕丝被等。

（4）羊毛。羊毛手感柔软,高贵典雅,主要用于制作床上用品、地毯、毛毯、填充物料等。采用羊毛制作的纺织品是高档家用纺织品市场的产品。

（5）涤纶。涤纶面料坚牢耐用,不霉不蛀,易于洗涤。在家用装饰产品上应用广泛,如沙发布、椅套罩等,很多产品中的填充物料也是采用全涤的 PP 棉。

（二）家用纺织品常用辅料

家用纺织品常用的辅料可以分为实用性辅料和装饰性辅料两大类。家用纺织品辅料质量的好坏,直接影响成品的款式、造型、外观质量。在家用纺织品辅料选用时要考虑辅料和面料的颜色是否相配、辅料价格、色牢度等方面的因素。

1. 实用性辅料

家用纺织品实用性辅料主要包括以下几种。

（1）填充物料。填充物料是家用纺织品的主要辅料之一。大部分家用纺织品离不开填充物料,例如靠垫、椅垫、被子等。填充物料弹性好、保暖性强,可以塑造立体效果,主要有喷胶棉、化纤 PP 棉、泡沫塑料颗粒料、鸭绒等。

（2）纽扣、拉链。家用纺织品成品制作过程中,根据成品款式的要求,需要用到纽扣、拉链之类的辅助材料,纽扣、拉链的选用直接影响产品的实用功能和装饰性作用。在选用过程中一定要根据原样的品质或客户的确认样来采购。

（3）线类材料。线类材料包括缝纫线、尼龙线、绣花线、涤纶线等。不同粗细的线直接影响产品的使用性能及外观视觉效果。

家用纺织品的用线种类较多,在采购过程中要考虑到线的价格、颜色、质量、性能及用途,要按照标样或确认样进行采购,要确保所使用的线符合物理指标,如色牢度、牢度、颜色、外观等,正确选择线的种类可以提高产品的外观及内在的缝制质量。

2. 装饰性辅料

家用纺织品装饰性辅料在成品中主要起到装饰的作用,主要有吊穗、花边、珠片等。家用纺织品装饰性辅料选用时一定要结合产品的款式、色彩、面料的风格和客户的特殊要求以及市场的流行趋势等因素综合考虑,做出合理的选择。

(三)家用纺织品常用材料的选用及鉴别

1. 选用材料的原则和依据

家用纺织品面辅料的选择应符合消费者的消费水平、所使用的环境,其款式、造型结构、配套产品色彩、材料质地搭配等应结合国内外消费者日常生活的习惯、民俗风情及特殊需求。

家用纺织品面辅料选用必须符合以下五方面的要求:

(1)产品面辅料的搭配应结合产品款式、造型的实际情况而定。

(2)产品的面辅料性能符合国内外的相关标准及环保要求。

(3)产品的款式、颜色搭配符合审美要求。

(4)产品价格的定位应符合低、中、高档消费群体的需求,要考虑面辅料的成本。

(5)面辅料的卫生性能应符合行业标准。

2. 各类成品面料的选用

选用家用纺织品成品面料时,应根据产品的不同使用性能而选择相应的面料。例如,床上用品的面料与皮肤直接接触,所以面料的手感要柔软,透气性、吸湿性、色牢度性能要好,便于多次洗涤而不易褪色。

理单跟单员在选用各种成品面料时要注意以下几个方面:

(1)面料的组织结构、风格、手感、克重等应符合标准样卡的要求。

(2)面料的价格、质量要货比三家。

(3)面料的色差应在允许范围内。

(4)选用面料时要随时做好留样工作。

(5)面料选用过程中应考虑产品的配套性、季节性。

(6)要严格控制面料的损耗。

3. 面料的鉴别

面料的鉴别是每个理单员、跟单员必须要掌握的一项内容。常规面料的鉴别方法有感官法和燃烧法两种。

(1)感官法。感官法即手感目测法,根据面料的组织结构、外观特征,对面料的成分进行判断。在实际的操作中,感官法是最直接、最简单的鉴别方法,鉴别者需要有丰富的经验,了解各种面料的手感、风格、组织结构、外观特征等。如棉手感柔软,麻手感粗硬,羊毛手感滑糯、富有弹性,化学纤维手感滑腻;棉、麻为短纤维,而蚕丝为长纤维,有特殊的光泽等。感官法不能鉴别化学纤维的具体品种,具有一定的局限性。

(2)燃烧法。燃烧法是抽取面料上的一小束经纱或纬纱,然后将其燃烧,观察纱线接近火焰时的燃烧状态、燃烧的速度、散发的气味、燃烧后灰烬的特征等,从而粗略判断纤维的类型。

燃烧法只适用于鉴别天然纤维和化学纤维,对于一些混纺的纤维则不能准确作出判断。常见纤维燃烧时的特征见表2-7。

表2-7　常见纤维燃烧时的特征

纤维名称	燃 烧 状 态			
	接近火焰	在火焰中	气 味	灰 烬
棉	即燃	燃烧	烧纸味	呈灰白色线状
麻	即燃	燃烧	烧纸味	灰白色或灰色
蚕丝	收缩	先缩后燃	烧毛发臭味	黑球状,细小颗粒,易碎
黏胶纤维	即燃	燃烧速度快	烧纸味	灰烬很少,灰白色
羊毛	收缩	燃烧时有气泡	烧毛发臭味	灰烬多,黑球状,易碎
涤纶	熔燃	熔燃	难闻的气味	黑褐色,不规则的硬块
锦纶	熔燃	熔后燃	难闻刺鼻的气味	黑褐色透明圆球状
腈纶	收缩	燃烧	辛酸的刺鼻味	不规则的黑灰
维纶	熔燃	燃烧	难闻的气味	不规则的黑褐色硬块,可压碎
丙纶	收缩	熔燃	石蜡的气味	褐色透明硬块,可压碎
氨纶	熔燃	熔燃	臭味	呈橡胶状
氯纶	收缩	难以燃烧	氯气的刺鼻味	硬而脆的黑块

【任务2-1】　家用纺织品面料跟单

【任务要求】

1.请分析说明面料检验的目的及相关质量要求。

2.请合理的安排面料采购计划、并对面料供应商进行评估。

一、面料检验的目的和内容

(一)面料检验的目的

家用纺织品面料检验主要是为了控制面料在生产进程中的质量和面料入库前的质量。家用纺织品面料质量的好坏会直接影响企业生产的进度、交货期。由于有些国家很注重环保,对进口的纺织产品有特殊要求。如德国等国对进口的纺织产品要进行含致癌芳香胺禁用染料的测试,色牢度,光照色牢度测试等。采购员在面料生产过程中就要了解有关情况进行跟踪,从面料生产的源头上进行必要的质量控制,提高面料生产的效率,降低裁片的疵品率,降低因色差、缸差而造成不必要的损失。

(二)面料检验的内容

面料检验可分为面料生产过程中跟单检验(包括原料、织造、染色后整理检验)和面料入库前检验,后者根据订单采购计划清单对面料的品名、颜色、缸差、规格、数量及内在质量、外观质量进行检验,并做好面料检验报告,由质检部门确认签字,做出处理意见提交采购部门。由采购部负责与面辅料供应商协商解决存在的问题。

二、品名、数量、颜色和规格检验

(一)品名、数量、颜色的检验

面料检验员根据采购计划清单对到厂的面料进行品名、数量、颜色核对,并做好记录工作。一般情况下,面料供应商对送到工厂的面料会附有码单,每匹(卷)布上都会有相应的小吊卡,小吊卡上会标明订单号、缸号、米数、颜色及面料出厂自检的检验员工号等内容。这样方便工厂面料检验员在入库前将采购计划清单与实际到厂的面料数量、颜色、品名进行复核,检查是否准确一致,再根据码单将面料按缸号、颜色进行堆放,以减少大货生产中出现严重色差的现象。

(二)规格检验

1. 长度检验

面料的长度检验通常是检验每匹长度是否与码单或小吊卡上的米数一致。家用纺织品面料为了运输及生产的需要,或是根据工厂采购面料的具体运输包装需要,通常有折叠包装和打卷包装两种形式。

(1)折叠包装:即为一匹匹的面料有规则整齐地折叠在一起的包装方式。检验员可以先测量两边折叠处之间的长度,再数出整匹的折叠层数。

$$整匹的匹长 = 两折叠处之间的长度 \times 折叠的总层数$$

(2)打卷包装:也称筒型包装。对于这种包装可以直接放在验布机上检验面料的疵点,验布机上有自动打卷并记录米数的功能,操作方便。面料检验后的包装和检验前的包装是一样的。

2. 幅宽(有效幅宽)检验

面料幅宽通常指纬纱方向最外侧两根经纱间的距离,有效幅宽是指实际可以利用的幅宽。在生产中根据产品的宽度要求或者多种规格的产品进行套裁所要求的实际宽度来制订面料的幅宽。在检验面料幅宽时,要用尺子测量面料的幅宽及有效幅宽,幅宽误差在 −1cm 和 +2cm 范围内的则判定为合格。

案例:

加工制作餐垫,餐垫的成品尺寸要求为33cm(宽)×46cm(长)。那么,在采购时就可以考虑:若一个幅宽开3块,幅宽可设定为110cm,(33cm +2cm 缝头)×3 +5cm = 105cm +5cm(5cm 为两边的布边针孔宽度)。所以在检验面料时,一定要注意有效幅宽必须要达到 105cm 及以上,否则会造成太大的损耗。

窗帘成品尺寸为150cm(宽)×200cm(长),那么幅宽一般情况应达到155cm 或以上,如果有效幅宽小于或等于150cm,那么成品的宽度肯定达不到订单的要求。

三、面料外观质量检验

面料的外观质量主要是检验面料色差、布面疵点、污渍、油渍、破洞、印花质量等问题。在面料的外观质量检验时发现的各类疵点、污渍等应做好标记，如果发现某匹面料色差严重，染色存在阴阳色，疵点超过检验标准，要单独堆放。在面料检验过程中应将有关的问题记录在面料检验报告上，见表2-8。根据记录数量，按判定标准来判定该匹面料是否合格。对不合格的面料应做出相应的处理。

表2-8　面料检验报告

订单号：　　　　　供应商：　　　　　入库日期：　　　　　合同交货日期：

面料名称	订单数量	颜色（缸号）	面料性能检验					面料外观检验							备注
			克重	幅宽	标签米数	实测米数	短溢码（+/-）	干摩	湿摩	纬斜	破洞	污渍	油渍	疵点	

标准面料布样展示：	疵品面料布样展示：

检验员结论：

采购部结论：

厂部结论：

检验员：　　　　　采购部经理签名：　　　　　总经理签名：

日　期：　　　　　日　期：　　　　　日　期：

（一）色差检验

工厂在生产中对原材料（包括染辅料、面料）进厂没有严格把关，对每批次的染料不进行小样试验，或操作工未严格执行工艺操作规程，均可能使大货面料产生严重色差、缸差。在检验过程中要用客户确认的色样与大货面料的颜色进行对比，看大货面料颜色偏差是否在允许范围之内，主要包括倒顺毛、拉毛效果、对折阴阳色、头中尾阴阳色、同缸色差、布边与布身之间的色差，色差可根据国家标准规定评判。

(二)布面疵点检验

1. 布面疵点的检验方法

(1)最常用的一种检验方法是把面料放在验布机上进行检验。检验员凭借验布机上的灯光对整匹布进行目测检验,给发现的布面疵点贴上标记。

(2)对于折叠包装面料或是经编面料,可以放在检验桌板上进行检验。检验员把面料放在桌板左边的托盘上,经过桌面目测检验后将面料放在桌板的右边,给发现的布面疵点贴上标记。

2. 检验等级的评定

美国国家标准 ASTM D5430—93 中 4 分制被广泛地应用于面料外观检验,在 4 分制中,根据疵点的尺寸大小及严重程度扣以 1,2,3,4 的罚分。一码布内无论有多少疵点,至多扣 4 分;一般情况下只检验正面,如需正反面检验,买卖双方应事先约定。

疵点尺寸	罚　分
≤7.62cm(3 英寸)	罚 1 分
>7.62cm(3 英寸)≤15.24cm(6 英寸)	罚 2 分
>15.24cm(6 英寸)≤22.86cm(9 英寸)	罚 3 分
>22.86cm(9 英寸)	罚 4 分

面料检验数量由买方规定,一般情况下抽样数量如下:

大货每批次抽样数量为总码数×10(Total yardage of the lot × 10)。

(1)单卷(ROLL)分数计算公式:

$$100 \text{ 平方码}^{①}\text{分数} = \frac{\text{该卷布总扣分} \times 3600}{\text{该卷布码长} \times \text{有效幅宽}}$$

(2)平均分数计算公式:

$$100 \text{ 平方码分数} = \frac{\text{该批被验各卷布总扣分} \times 3600}{\text{该批被验各卷布总码长} \times \text{有效幅宽}}$$

四、面料内在质量检验

家用纺织品面料内在质量检验的项目主要有色牢度如耐水洗色牢度、耐干洗色牢度、耐皂洗色牢度,耐干摩擦牢度、耐湿摩擦牢度,耐日晒牢度,耐光照色牢度以及强力、缩水率等客户要求的指标测定。一般由实验室来检测面料的这些项目是否达到客户要求,也有的客户会要求供应商出具第三方检测中心各项性能的测试报告,否则会拒绝接受大货产品。

五、面料采购前期准备工作

目前,家纺企业采购面料主要有两种形式:一种是由生产型企业接受订单后再按计划数量进行面料采购;另一种则是由外贸公司采购面料,找生产型企业组织生产加工。无论哪种采购

---

① 1 平方码 =0.836m²。

方式,都必须要以客户确认的面料颜色、克重、手感、织物组织为标准进行采购。跟单员在采购面料之前,要参照客户确认的面料标样与仓库管理人员沟通、核对,盘查库存的面料情况,以减少库存的积压,加速资金的周转。

(一) 资料的准备

理单员在接到国外客户订单时,要安排面料供应商(或工厂)打色样并供客户确认,合理安排生产周期。同时要准备面料的采购计划单,使采购员在采购原材料时能根据生产进度、按采购计划单上所列的要求订购原材料。宁波某家纺有限公司面料采购计划单见表2-9。

表2-9 宁波某家纺有限公司面料采购计划单

合同订单号:　　　　　　　　　　客户名称:　　　　　　　　　　交货日期:

面料名称	面料成分	有效幅宽	订单数量	颜色	库存数量	实际需要采购数量	要求交货日期	备注

其他具体要求:　克重:　　经密:　　纬密:　　纬斜:　　　干摩:　　湿摩:　　光照色牢度:　　短溢装允许范围:　　　面料色样小样布:

制表人:　　　　　　复核人:　　　　　　审核人:
日　期:　　　　　　日　期:　　　　　　日　期:

(二) 采购数量的确定

一般家纺生产型企业在接到外贸公司的订单后,由技术科负责提供相关的技术资料,包括面料的用料、缩水率测试结果、单件产品的实际单耗等,然后制作订单产品的工艺单,核算排料(产品是否可以套裁,怎样排料可以更节约面料又符合实际订单的要求,减少不必要的面料损失),一般情况下,这样采购的数量比较正确,不会造成过多的库存,同时也可避免面料在存储过程中因保存时间较长而造成该批次库存面料的颜色与下批次生产的面料颜色有较大偏差。

（三）清查库存

通常情况下,有些家纺产品翻单的概率比较频繁,仓库管理员要对库存的面料规范存放,分缸号、分颜色存放在仓库的货架上,整理好库存面料的清单资料,以便随时了解库存面料的情况,方便采购员在接受翻单的订单时参考库存信息,有效控制采购的数量。清查库存面料的工作流程如图2－2所示。

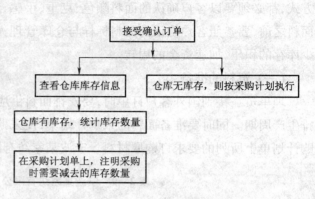

图2－2　清查库存面料的工作流程

六、面料采购计划的实施

跟单员应通过各种渠道了解并掌握面料市场的行情,首先必须要确定需要购买面料的品名、织物组织结构、数量、颜色等各项技术参数,然后以理单员提供的客户确认标准为依据,制订相关的采购计划单,安排面料的生产。面料采购的基本流程见图2－3。

面料采购计划实施的过程中主要工作有以下几点:

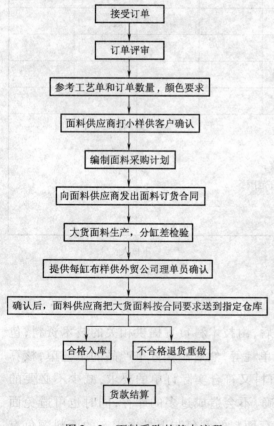

图2－3　面料采购的基本流程

（1）跟单员要做好面料采购前期的市场调研工作。

（2）跟单员要同面料供应商沟通面料生产进度的安排。

（3）跟单员要跟进面料生产的进度、质量等工作。

（4）跟单员要同各部门之间协调面料生产中出现的问题。

（5）跟单员要及时处理面料采购计划中存在的相关问题。

七、面料供应商的评估

在面料采购过程中,要定期对面料供应商进行全面的评估。面料供应商的评估主要是考核面料供应商的生产能力、生产设备、生产质量及生产过程中的服务态度、配合程度以及在面料发生质量问题后的处理方式。对面料供应商的评估考察,可作为与面料供应商建立长期合作关系的依据。某家用纺织品有限公司供方/外加工方调查表见表2－10。

表 2-10 某家用纺织品有限公司供方/外加工方调查表

日期：

供方名称			联系人	
地　　址			电话/传真	

本厂主要的采购产品：

项目	细分内容	评审方法	等级	得分
资格能力	经营资格	1. 营业执照 2. (特种行业)经营许可证或生产许可证	A	
	质量保障能力	1. 是否通过质量体系认证 2. 全面质量管理制度及运行情况	C(+10%)	
价格		比较最高承受材料成本	A	
生产能力	设备能力	1. 满负荷生产力 2. 关键工序设备生产能力与产品质量关系 3. 设备状态等	B(10%)	
	技术能力	1. 技术人员及主要作业人员能力 2. 开发能力	B(20%)	
	作业管理	对作业及环境是否有规范化要求	C(+10%)	
	检验能力	1. 检验设备配置情况 2. 检验操作能力情况	B(30%)	
	供应能力	1. 生产周期 2. 月最大供应量	B(10%)	
小批量试用	样品检验	对原材料样品实施验证	B(30%)	
	成品检验	对原材料组装成品实施验证	C(+10%)	
综合得分		管代意见:□列入供方□不列入供方　　签字:		
		总经理意见:□列入供方□不列入供方　　签字:		

年度评审记录

考核内容			( )年	( )年
供货周期	按期到货批次率	D(50%)		
供货质量	到货合格达标率	D(50%)		
质量事故	一旦发生,可由总经理批准淘汰或留用,留用则扣去15分		(总分)	(总分)

评分说明：
1. 首次评分中,A 为必须满足条件,B 为主要评分项目,C 为加分项目,100 分以上为优秀,80~100 分为良好
2. 年度评审中,只考核 D 项目,评判标准同上

八、面料采购案例分析

案例1：

　　大货面料入库前检验发现存在色差、缸差、短码、颜色阴阳差、污渍、油渍等质量问题。面料检验员在面料入库前对大货面料进行检验,其目的是控制不良品进入生产环节,从生产源头发现大货面料存在的问题,便于生产计划的有序开展,使生产部门能及时把面料检验结果同面料供应商沟通并处理存在的问题。

　　处理:

　　(1)大货面料颜色存在色差、缸差,若在允许的范围内,可予以开裁,如果超出接受范围,则退还面料工厂进行改色或重新进行坯布染色,面料跟单员要及时把信息反馈给面料供应商,以保证大货的生产交货期。

　　(2)存在阴阳差的面料,要求直接退还面料供应商进行重新染色或处理。

　　(3)短码要看实际的短码米数是否在订单的允许短溢装数量范围之内,并请客户确认是否接受订单产品短码。

　　(4)污渍、油渍要具体分析其存在的程度,如果一匹内有 1～3 处存在污渍、油渍,可以接受,但可扣除损耗米数,大面积连续性的污渍、油渍需要退还面料供应商进行去污处理。

案例2：

　　大货面料在铺布过程中,发现面料疵点较多,存在疵布势必加大损耗,如果在裁剪拉布时把疵点部分的布料裁断再继续拉布的话,则会造成大货生产的实际数量达不到订单要求的数量。

　　处理:

　　面料跟单员要同面料供应商协商解决该问题。

　　(1)面料疵点造成的损耗由面料供应商承担责任,同时将存在疵点的面料及具体的数量、颜色情况寄给面料供应商查看。

　　(2)要求面料供应商做出相关处理方案,及时补做短缺的面料并尽快送到家用纺织品生产企业便于赶上生产进程。

　　(3)加强面料生产过程中的质量跟进工作。

　　(4)做好大货面料入库前的检验工作,确保大货生产任务有序进行。

　　(5)面料跟单员要在面料生产之前预先告知面料供应商该批次面料生产过程中的质量要求,要及时解决面料疵点问题。

　　(6)及时分析了解相关面料的生产工艺流程,做好大货面料质量检验的记录。

案例3：

　　某家纺公司生产 4000 条窗帘,其中红色 2000 条,米色 1200 条,绿色 500 条,褐色 300 条。在生产任务进入包装阶段发现红色窗帘有 1800 条,米色有 700 条,绿色 500 条,褐色 800 条。实际数量与订单的要求数量不符,经调查发现由于裁剪人员疏忽,红色少裁了200条,米色少裁了500条,褐色多裁了500条(注:这500条的面料为下个订单翻单的面料,工厂一起送过来的)。

处理:

家纺企业在生产过程中经常会遇到这种情况,出现面料某个颜色的产品少裁或多裁的现象。主要是由于管理人员的疏忽或是在生产过程中上下道工序之间对产品的数量未做好交接工作。针对这种情况,各部门应紧急召开生产质量事故会议,及时制订应急方案,对多裁的裁片先放着,以便下次备用。对于少裁的则要进行核查,看仓库是否还有面料,仓库有面料的话,则可以马上安排裁剪少裁的数量;如果仓库也没有面料了,则要查看少裁面料的入库数量、裁剪车间实际使用的数量、面料采购计划单的数量与面料订货合同的数量是否相一致。某家用纺织品有限公司产品交接单见表2-11。

表2-11　某家用纺织品有限公司产品交接单

合同订单号:　　　　　　　　　　　　　　　　　　　　　　　客户名称:

产品名称	订单数量	颜　　色	规格尺寸	实际数量	缸　　号	备　　注

交接人:　　　　　　　　　　　　　　　　　　　　　　　交接人:

日　期:　　　　　　　　　　　　　　　　　　　　　　　日　期:

【任务2-2】　家用纺织品辅料跟单

【任务要求】

1. 请分析说明家用纺织品辅料的作用及质量要求。

2. 请合理安排辅料采购计划,并对辅料供应商进行评估。

一、主要辅料的作用及选用原则

家用纺织品的辅料主要包括两大类:生产过程中所需的主要辅料和包装所需的辅助材料。生产过程中所需的主要辅料主要有:花边、吊穗、纽扣、拉链、缝纫线、绣花线、吊穗流苏、无工花边、铁圈等。

包装所需的辅助材料主要包括:PVC袋子、PP袋、防水袋、水洗标、法律标、宣传卡、价格条形码、不干胶、织标、防盗标、打包带、封箱胶带、纸箱衬板等。

家用纺织品辅料的选用原则要根据产品的不同做出相应的调整,选用的辅料质量的好坏直接关系到产品最终品质。

1. 吊穗

选用时要检查吊穗上有没有胶水印或散开的现象,应注意葡红、红色的吊穗容易引起褪色。

2. 无工花边

选用时要检查花边是否散开。

3. 包纽扣

选用时要检查包纽扣有没有包牢。

4. 木纽扣

木纽扣容易产生畸形,选用时要检查纽眼是否完整。

5. 金属铁圈

选用时要检查金属铁圈是否有生锈、发铜绿等现象。

6. PVC 衬

选用时要检查 PVC 衬厚度是否达到要求,PVC 衬有没有产生发油的现象。

7. 丝带

选用时要检查丝带上有否疵点,颜色、宽度是否合适。

8. 黏合衬

选用时要检查黏合衬幅宽、克重,特别要检查黏合衬是水洗黏合衬还是不可水洗黏合衬。

二、辅料的质量检验

家纺产品的辅料种类较多,辅料在工厂入库前一定要有专人负责检验,各项指标必须符合辅料采购订单的要求,如辅料的品名、颜色、成分、质地、质量、数量等,以防影响大货生产时的进度。检验人员要根据结果如实填写辅料检验报告,辅料检验合格后方可办理入库手续,对不合格批次的辅料由质检部主管做出结论,并提交采购部辅料采购员,由辅料采购员与辅料供应商协调解决产品的相关质量问题。

辅料的质量检验内容见表 2 - 12。

表 2 - 12　辅料的质量检验内容

检验项目	检验方法	质量要求
规格	按照要求的规格	与辅料订购单上的规格质量要求一致
外观	目测	不得有明显的粗细不匀、染色异常及加工上的外观缺陷
颜色	对照样卡	每个颜色需与样卡一致
色牢度	水洗	在 40℃温水中加适量洗衣粉浸 30min 后不褪色为合格
坚牢度	试验	剪两片 20cm×20cm 的面料,从经纬方向各缝一条 20cm 的直线,将手用适当的力拉一下不断则为合格,反之则不合格

某家用纺织品辅料检验报告见表 2 - 13。

表2-13 某家用纺织品辅料检验报告

订单号： 供应商： 入库日期： 合同交货日期：

辅料名称	订单数量	辅料性能检验						辅料外观检验							备注
		颜色（缸号）	克重	幅宽	标签米数	实测米数	短溢码（+/−）	干摩	湿摩	纬斜	破洞	污渍	油渍	疵点	

辅料实际小布样：

疵品辅料样品展示：

检验员结论：

采购部结论：

厂部结论：

检验员： 采购部经理签名： 总经理签名：
日　期： 日　期： 日　期：

三、辅料采购前期准备工作

家用纺织品辅料采购前期要准备好相关订单所需辅料的资料信息,编制相应订单的辅料采购计划单,同时要清查盘点仓库里库存辅料的数量、种类、颜色。

(一)辅料采购前的准备资料

家用纺织品辅料在采购前需要由客户提供该订单的相关辅料的信息,如辅料颜色色卡或原始确认的辅料小样卡、订单合同的复印件、生产工艺单、辅料的修改件(包括颜色、数量、手感样品等)。

家用纺织品辅料的供应商一般由客户指定辅料工厂或由生产型企业自己开发的辅料工厂,不管哪种方式,都必须有良好的辅料采购色卡及保管制度,把好辅料的数量、价格、质量关,以免造成不必要的经济损失。

(二)编制辅料采购计划单

家用纺织品辅料采购计划的编制要做到准确明了、合理规范。编制辅料采购计划时必须要了解相关辅料的单耗、辅料损耗的要求。辅料采购计划单（表2－14），其中涉及的内容有辅料的单耗价格、颜色、数量、品质要求等，同时需要附有辅料各个颜色的样品，以备采购和验收时可以有据可查。

（1）辅料单耗：是指单件产品所用辅料的用量。

（2）损耗：是指单件产品在辅料单耗的基础上所需要的一些损耗，通常损耗为2%～3%，以防大货生产时疵品或使用过程中造成的损失消耗。

（3）颜色、数量：辅料采购计划单上要注明所需颜色的数量，以免造成多采购或少采购的现象。

（4）品质：即为辅料的质量要求。

（三）清查库存辅料

大货辅料采购前跟单员一定要配合仓库人员对仓库库存辅料进行及时清点，一定要清查库存的数量、颜色情况。如果仓库中库存辅料和采购的大货辅料一致时，那么可以在大货辅料采购时减少辅料的数量，减低库存辅料的存放周期，提高资金周转。辅料采购计划单见表2－14。

表2－14　某家用纺织品公司辅料采购计划单

合同订单号：　　　　　　　　　　客户名称：　　　　　　　　　　交货日期：

辅料名称	辅料成分	有效幅宽	订单数量	颜色	库存数量	实际需要采购数量	要求交货日期	备注
其他具体要求：		克重： 经密： 纬密：			干摩： 湿摩： 光照色牢度： 短溢码允许范围：			辅料小色样样布：

制表人：　　　　　　　　　　复核人：　　　　　　　　　　审核人：

日　　期：　　　　　　　　　日　　期：　　　　　　　　　日　　期：

四、辅料采购计划的实施

辅料与面料一样,需要跟单员随时做好辅料大货生产进度的跟进和质量的控制,确保所采购的辅料能保质保量并准时交货。辅料采购流程如图2-4所示。

五、辅料供应商的评估

家用纺织品企业在选择辅料供应商时,特别是对初次合作的辅料供应商要多方位了解供应商的生产能力,大货生产时辅料的品质是否可以达到确认样品的品质、颜色、价格,交货期配合程度等,以便对辅料供应商进行全面评估。对已经在合作的辅料供应商可以每月一次或每季度一次进行评估,看辅料供应商的实际供货能力是否合格,以使辅料供应商能有更好的质量服务意识,为家用纺织品企业生产提供有力的保障。

六、家用纺织品辅料采购案例分析及注意事项

(一)案例分析

缝纫线是家用纺织品生产中常用的辅料之一。缝纫线的采购一般情况下要和大货面料的颜色匹配,或根据原样上的缝纫线颜色进行配色采购。跟单员将配好的缝纫线交给生产部门,由生产部门用大货确认的面料和大货采购来的缝纫线制作产前样,把产前样提交给客户确认,一旦客户确认,那么即可以该色号的缝纫线为准进行大货采购。缝纫线的采购一般以够用为宜,因为缝纫线颜色、种类较多,特别是一些非常规颜色的缝纫线,在采购之前一定要做好产品缝纫线的单耗、总损耗、总数量的计算和复核,避免造成缝纫线的库存积压和浪费。缝纫线的采购流程如图2-5所示。

(二)常用辅料采购需要注意的事项

通常情况下,辅料采购员接到辅料采购计划单时,要亲自核对辅料采购计划单上的相关数量、颜色、品名及所使用的是哪个颜色版本的辅料样卡,辅料的原样、价格与订单合同所需要的数量、颜色、辅料样卡的版本都要进行复核,以防止辅料采购过程中多订、少订辅料或因辅料颜色版本错误而造成不必要的经济损失。

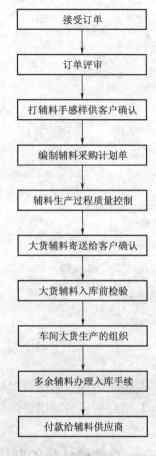

接受订单

订单评审

打辅料手感样供客户确认

编制辅料采购计划单

辅料生产过程质量控制

大货辅料寄送给客户确认

大货辅料入库前检验

车间大货生产的组织

多余辅料办理入库手续

付款给辅料供应商

图2-4 辅料采购流程图

【任务2-3】 家用纺织品前期生产进程跟单

【任务要求】

1. 请分析说明首件确认样、产前样的制作及确认的要求。

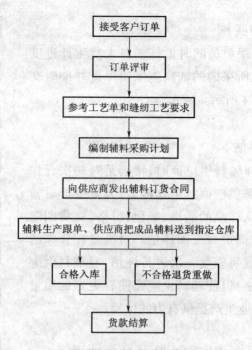

图 2 - 5　常用辅料的采购流程图

2. 请举例说明家用纺织品前期生产进程跟单会遇到哪些情况。

3. 请分析说明家用纺织品前期生产进程跟单的英语信函交流技巧。

一、首件确认样的制作及封样

首件确认样是指成品缝制车间经过裁剪工序之后,在大货开始生产前制作的首件产品,是用来给客户确认款式、工艺、水洗标缝制位置等具体工艺要求的样品。经过客户审核并确认的首件产品一定要进行封样并在缝制车间指定位置进行成品展示,以确保大货生产与首件确认样一致,符合客户订单的工艺文本要求。同时,首件确认样品也是供应商同客户之间洽谈订单工艺细节的具体实物参照的基础,客户可以提出首件样品存在的不足之处并要求供应商在大货生产时进行整改或重新制作首件确认样样品。

首件确认样样品制作完成后,一定要召开首件确认样会议,会议传达首件确认样的工艺制作要点、缝制难点及解决方法,在大货生产时要及时跟进首件确认样样品生产过程中存在的问题,避免大货生产中出现类似的质量问题。首件确认样样品的检验要求必须与工艺单文本相一致,并由工艺技术部门提出首件确认样样品存在的质量问题及改正方案,最后将符合要求的首件确认样样品进行封样,同时做好首件确认样样品文件资料、样品、样品的编号等存档留底工作,以方便大货生产时对工艺技术进行参考。首件确认样样品检验报告见表 2 - 15。

表2-15 首件确认样样品检验报告

订单号：   样品单编号：

产品名称		下单业务员		客户名称	
面料小样			辅料小样		
颜色					
尺寸规格	要求尺寸：			允许误差 范围	
	实际尺寸：				
外观质量					
缝制质量					
包装质量					
技术部意见					
备注					

检验员：   复核人：   封样人：
日　期：   日　期：   日　期：

二、产前样的制作、确认及产前会的内容

产前样是指大货投产前的样品，在大货生产前用来提交给客户确认,产前样所用到的面辅料的颜色、品质都必须是大货生产中客户确认的面辅料的颜色、品质。经过客户确认的产前样是家用纺织品企业在大货生产时的依据,可以使家用纺织品企业与客户对产品工艺技术参数、面辅料的颜色、品质等达成一致意见,避免引起不必要的经济纠纷。产前样制作的质量一定要符合成品的检验要求、包装要求以及客户的特殊要求。

产前样制作在大货生产前的跟单工作中起到了比较关键性的作用。产前样质量控制的好坏直接影响最终成品的缝制质量,跟单员在产前样的制作过程中要进行工艺技术的指导,协助工厂技术部门解决在产前样的制作过程中出现的工艺技术问题。避免家纺生产企业一边进行大货生产一边安排制作产前样,通常情况下,产前样的制作应安排在大货面辅料到厂经客户确认后。产前样经客户确认后或客户提出修改意见后,方可安排大货生产任务。

产前会的内容主要是对产前样的制作、产前样的检验、产前样的包装逐一进行讨论。讨论的形式有小组会议和部门会议。由总经理、质检部门进行讨论并制订产前样的制作方案。具体由工艺技术部门安排技术科或缝制车间主任按制作方案来实施。

三、初期生产进程跟单的案例分析

在大货生产的初期阶段,生产进程跟单尤其重要。初期生产进程跟单主要是核对工厂生产大货所使用的面辅料是否与相应订单的确认标样颜色、品质相一致。工厂在实际生产中,要避免因使用不正确面辅料颜色进行裁剪而产生的面辅料浪费问题,在初期生产进程跟单要及时发现此类问题,跟单员在初期生产进程跟单中要核对面辅料的颜色、品质、数量,复核裁剪排料图,抽验裁片的尺寸、质量、颜色、数量,根据资料核对水洗标的内容、文字、水洗方法,避免因使用错误的水洗标、不同的缝制工艺而产生的一系列返工情况。跟单员必须严格按照质量要求检验,在产品生产初期阶段要善于发现工厂在生产时存在的实际问题,并协助工厂采取正确的措施解决这些问题。

案例1:

某工厂在实际生产中遇到不同的两个客户,交货期是同一个日期,产品的规格、颜色、工艺要求都是一样的,唯一不同的是水洗标内容不一样。但是在大货生产缝制的开始阶段,由于缝制工人的疏忽,管理人员的不重视,造成 A 客户的产品中有 10% 左右的产品水洗标是 B 客户的。结果,A 客户收到大货产品后提出退货并索赔经济损失,同时指出供应商缺少职业道德,把 A 客户提供的布料花稿的确认样、工艺方法、颜色完全相同地提供给 B 客户,造成不良的后果。

总结:跟单员在生产初期应严格按照工艺单资料要求仔细核对相关产品的水洗标内容,并且要做好相应的记录,提高工作效率,减少经济损失,严格把好产品的质量关。

案例2:

家纺企业在生产时经常会出现面料裁剪损耗比较大的情况。例如,在窗帘裁剪时,由于排料上的计算失误,未考虑窗帘底部折边的 7.6cm 缝份,同时也没有相应的裁片测量及检验,在成品检验中发现成品尺寸偏短 7.6cm,缝制人员按常规缝制工艺进行缝制,把 7.6cm 当缝头折在底边。造成了原料上的极度浪费。

总结:跟单员要在裁剪排料工序、拉布过程中跟进,对裁片的尺寸、布面质量进行严格复核。

四、初期生产进程跟单的常用英语信函交流技巧

通常情况下,在外贸理单、跟单过程中,同国外客户(或办事处客户)常见的交流方式有电子邮件、电话、传真。实际的应用中往往以邮件的形式采用英语信函交流,英语信函的交流技巧在此起到很大的作用,外贸理单员需要具备良好的英语书写和阅读能力,能准确地把客户英文邮件的内容翻译成中文,并制作相应的工艺单文本资料,传达到工厂或相关部门,如果理单员英

文翻译出错会导致严重的后果,造成生产上出现严重的经济损失。所以,外贸理单跟单人员必须要有较强的责任心,掌握家用纺织品专业英语知识及常用的信函交流技巧是外贸理单跟单人员与客户沟通交流的必要条件之一。

家用纺织品初期生产进程跟单英语交流邮件范文如下。

案例1:

理单员同客户交流产前样确认意见情况的邮件范文。

Ben 先生见启:

相信你已经收到上周三我寄给你的快件包裹了,内有 2013 春季订单的产前样。请尽快给齐产前样颜色/工艺/包装等方面的确认意见,以便工厂进行大货生产。

盼回复。

Lesily

Dear Mr. Ben,

I noticed that you received the parcel which I sent last Wed. In it, there are pre-production samples of order spring collection 2013. Please give your comments about the color/article/packing …As soon as possible. With it, factory can start production.

Your fast reply will be appreciated.

Best regards,

Lesily

案例2:

客户回复理单跟单员报价太高了,超出客户心理接受范围,并提出降价的邮件范文。

Jon 见启:

你的报价已经收到,窗帘的 FOB 上海价格是 $ 4.8/条。经过核实,觉得你方的价格稍稍高于我方的心理价位。请再重新核价,确认价格能否降至 $ 4.55/条。

盼回复。

Olive

Dear Jon,

Thanks for your question. Well noted the FOB Shanghai price for curtain is $ 4.8/Pc. After checking, it is a little higher than our acceptance, Please double check the price, can you low down it to: $ 4.55/Pc.

Waiting for your reply.

Best regards,

Olive

👉 习题

一、单项选择题

1. 出口合同的序言、抬头、编号等属于( )。

A. 合同的首部　　B. 合同的正文　　C. 合同的流程　　D. 随便编写的

2. 买卖双方中的一方向另一方发出询求销售或购买该产品的相关信息,则表示是( )。

A. 要约　　B. 询价、询盘　　C. 签订合同样　　D. 一定要销售或购买

3. 下面哪一项不属于家用纺织品前期理单的内容( )。

A. 报价

B. 陪同客户验货

C. 安排货物出运工作

D. 船样寄送

4. 下面哪一项不属于家用纺织品前期跟单的内容( )。

A. 订单工艺文本

B. 指导样品制作

C. 评估生产企业

D. 翻译客户的询价

5. 下面哪一项属于家用纺织品产前样( )。

A. 大货生产制作的样品

B. 大货出运后制作的样品

C. 订单合同签订前制作的样品

D. 大货终期检验的样品

二、名词解释

1. 什么是裁剪工艺?

2. 什么是缝制工艺?

3. 什么是产前样?

4. 询价指的是什么?

5. FOB、CFR、CIF、FCA、CPT、CIP 各是什么含义?

三、问答题

1. 家用纺织品前期跟单的主要内容是什么?

2. 家用纺织品前期跟单如何做好样品开发的跟单工作? 其注意事项是什么?

3. 简述家用纺织品面料跟单的流程。

4. 简述家用纺织品辅料跟单的流程。

5. 分析说明如何开发家用纺织品企业的合作工厂?

6. 家用纺织品理单跟单前期工作会出现哪些问题?

情境3　家用纺织品理单跟单中期跟单

学习要点

了解家用纺织品理单跟单中期跟单的工作流程,熟悉并掌握家用纺织品理单跟单中期跟单业务操作流程及规范的程序步骤。

学习难点

1. 家用纺织品理单跟单中期跟单的工作流程是什么?
2. 家用纺织品理单跟单中期验货流程是什么?

项目3-1　家用纺织品中期生产进程跟单

本项目主要介绍了家用纺织品中期生产进程跟单的相关技能。在家用纺织品中期跟单的同时,融入家用纺织品企业的相关生产管理知识,家用纺织品企业生产文件资料的编制技术,家用纺织品产品的质量检验。全面细致地介绍了家用纺织品中期验货的方法和中期验货报告的编制技巧。

项目3-2　家用纺织品中期质量检验

本项目介绍了家用纺织品中期质量检验的相关知识,着重介绍了家用纺织品中期后整理包装及相关的包装技术、家用纺织品的外观质量检验方法等知识。

【知识准备】

一、技术科的管理

(一)结构设计基础知识

结构设计是根据家纺产品的款式而绘制的平面结构图,结构设计是把家纺设计师的作品转换成实物的一个重要环节。家用纺织品结构设计平面图俗称样板或纸样。样板有净板样和毛板样之分,净板样就是没有放缝份的样板,毛样板是直接可以用来裁剪的样板。在家纺企业的生产过程中,结构设计必须要按照产品的款式图、工艺要求、规格尺寸绘制结构设计平面图。因此,样板的制作显得格外重要。企业对样板制作需要投入很大的人力、物力、财力,对样板的制作、复核、修改和确认都是层层把关,由专人负责。

1. 样板制作的工具

①工作台:工作台是指家用纺织品结构设计者专用的桌子,不是生产车间用于裁剪、检验、包装的台子。通常情况下,家纺企业有一个专门用作打样的房间,俗称打样间或样品制作部。打样间内的工作台通常为150cm×240cm。高度为75~80cm。工作台面要光滑不能有接缝,用来制作样板或裁剪单件的布料。

②纸:样板所用的纸张要有一定的厚度和强度,样板纸张的厚度是为了提高沿样板四周划样时的准确性,强度是为了考虑样板多次使用的耐磨性,不容易破坏样板。常用的样板纸有牛皮纸、卡纸、黄板纸、白板纸等。

③铅笔:一般采用2H、HB、2B铅笔,要求线条细而清晰。

④尺子:常用的尺子有直尺、三角尺、皮尺、曲线尺、放码尺等。

⑤点线器:点线器又称齿轮刀,是在样板上做标记的工具,能够将样板上重叠交叉的部位或整张样板描绘到另一张纸上。

⑥锥子:在样板制作时,锥子用来定位、扎眼做标记时使用。

⑦剪刀:剪刀大小有22.86cm(9英寸)、25.4cm(10英寸)、27.94cm(11英寸)、30.48cm(12英寸)等几种规格,剪样板和剪布料要分开使用。

⑧橡皮:橡皮用于修改纠正制板时画错的线条。

⑨刀眼钳:刀眼钳是用来在缝头处做对位记号的工具。

⑩打孔器:打孔器用来在样板上打洞,便于穿吊收藏样板。

⑪号码章:号码章用来给样板编号。

⑫受控章:受控章是用来盖在样板四周距样板边缘0.1cm处的印章,表示该样板已经确认,防止其他人员进行修改。

⑬其他:家用纺织品结构设计的工具因人而异,除了上面介绍的常用工具之外还有胶带纸、双面胶、订书机、夹子、压铁、圆规等,在此不一一陈述。

2. 样板制作的符号

家用纺织品结构设计制图符号见表3-1。

3. 制板的要求

绘制样板要根据款式效果图或实物样品,仔细分析其造型、褶裥量、缝制的工艺方法等,严格按照订单工艺进行绘制样板,绘制样板的线条要流畅,规格尺寸要准确。

①缝份放松量:在绘制样板时要考虑到成品缝份的放松量,例如缝份面辅料的缩水率、特殊工艺要求所需的缝份量等。

②样板的确认受控:经过确认审核的样板必须要在样板的四周距样板边缘0.1cm处加盖"样板受控专用章",以备随时领用。

表3-1 家用纺织品结构设计制图符号

序号	符号名称	符号图形	序号	符号名称	符号图形
1	制成线		12	明线符号	
2	对折线		13	拉链	
3	等分线		14	标注	
4	直角符号		15	对位符号	
5	扣眼符号		16	对条符号	
6	纽扣符号		17	对格符号	
7	省略符号		18	对花符号	
8	等量符号		19	钻眼符号	
9	剪切符号		20	缩褶符号	
10	经向符号		21	褶裥符号	
11	倒顺符号		22	连接符号	

(二)结构设计的文件管理

家用纺织品企业结构设计人员平时应做好订单产品的结构设计、文件的建立和存档工作。结构设计的文件管理中容易出现的问题有以下三点：

(1)对客户修改资料更新不及时,造成样板尺寸、数量、颜色等信息有误。

(2)结构设计人员不仔细,造成工艺单有误,如果裁剪人员仍按此工艺单裁剪,就会造成原料的浪费。

(3)结构设计人员绘制的样板标注不完整,容易造成裁剪时裁错。例如倒顺毛、对条、对格等。

(三)技术科的管理

家纺企业技术科主要负责样品的开发与制作、编制大货生产工艺单。家纺企业技术科管理的好坏直接影响到企业生产是否能正常开展,家纺企业技术科管理的主要工作有以下几个方面:

(1)有序开展日常工作,及时编制相关的工艺单。

(2)负责样板的绘制、领用、修改、审核管理工作。

(3)及时了解相关的面辅料性能特点,便于在编制工艺单时能预算相关的单耗、预计生产计划数。

(4)做好样品开发与制作工作,同时及时将样品寄送给客户确认,做好样品的留样工作。

二、裁剪方案的制订

(一)裁剪方案的内容及表示方法

家用纺织品裁剪是成品生产前最重要的一道工序。裁剪是把整匹的面辅料按照成品投产前制作的样板、排料图进行排料,并按要求裁剪成裁片,以供缝制车间加工成成品。裁剪的质量好坏直接影响到成品的质量,同时,家纺企业在裁剪过程中是大批量生产的,合理排料和制订裁剪方案可以节约面辅料,避免在生产过程中造成面辅料的损耗超标,增加生产成本。

1. 裁剪方案的内容

裁剪方案是指家纺企业生产中把需要裁剪的数量、规格尺寸、颜色进行合理安排,并使面辅料损耗减少到最低。裁剪方案的内容如下:

(1)确定裁剪的床数,每床裁剪的段长。

(2)每床裁剪铺布的层数。

(3)每层需要安排几种规格的产品,各裁几条。

2. 裁剪方案的表示方法

最常见的表示方法是用表格的形式来表示。

例如:某家纺企业接受一批窗帘生产任务,窗帘的数量为 1600 条,规格尺寸为 150cm(宽)×240cm(长),裁剪表示方法见表 3 – 2。

先确定裁床长度为 14m 时,按每条窗帘的单耗为 2.5m 计算,最多每层只能裁 5 条,每层段长为 $2.5m \times 5 = 12.5m$。需要铺布的总层数为 $\frac{1600}{5} = 320$ 层。

表 3 – 2　裁剪方案的表示方法

订单裁剪分配	订单数量 1600	每床的拉布层数
第一床裁剪数量	800	160 层
第二床裁剪数量	800	160 层

（二）裁剪方案制订的原则

制订裁剪方案时,应考虑实际生产过程中裁剪的设备能力,制订合理的裁剪方案,使面辅料的损耗减少到最低程度,提高裁剪的工作效率。

裁剪方案制订的原则有以下几个方面:

（1）根据现有裁剪设备能力,确定每床的段长,段长的长短直接影响到每层面辅料的损耗和面辅料的工作效率。

（2）合理的制订面辅料的层数,面辅料层数太多或太少都不易控制裁片的尺寸。

（3）相同颜色、相同面料的配套产品,一定要注意色差、缸差。

（4）裁剪方案制订时一定要考虑先裁大片,再裁小片,能套裁的尽量安排套裁。

（5）裁剪方案制订时应考虑每匹面料的米数、颜色、幅宽。

（三）裁剪生产任务的制订

裁剪生产任务的制订应严格按照订单合同工艺单的要求执行。裁剪之前必须对面料进行检验,合格后方可提供给裁剪车间进行裁剪。裁剪车间应根据生产进度、裁剪能力及时制订裁剪方案和裁剪进度,并报告生产部门。制订裁剪生产任务时需要注意:

（1）了解面料、辅料的到货数量、颜色、缸差及客户是否确认等情况。

（2）做好裁剪的生产任务,安排时应顾全大局,先出货的订单可以先安排裁剪。

（3）注意裁剪生产过程中的安全预防工作,保证生产的有序进行。

（4）及时跟进裁剪过程中发现的布面质量问题及面料短缺的情况。

（四）排料画样的方法

排料画样就是依照裁剪方案以最小的面积或长度将所有纸样画在排料纸或布料上。排料的水平直接影响到产品的质量,对面料的有效利用有决定性的作用。因此,排料前必须要了解产品的结构特点、制作工艺要求,了解所使用面辅料的性能特点,便于排料时能合理考虑其综合因素。排料时所需的资料有生产工艺单、纸样、生产样板、面料幅宽、裁剪方案等。

1.排料图的分类

家用纺织品排料图分为实际生产纸样1∶1排料图和缩样排料图两种。

（1）实际生产纸样1∶1排料图:是根据1∶1的比例绘制的实际生产用的工业样板。在家用纺织品企业1∶1工业纸样通常适用于产品规格造型特别且订单数量较多的产品。例如窗帘头子、靠垫、椅垫、椅子套及圆台布等。

（2）缩样排料图:是将实际生产用的工业纸样按1∶5、1∶10或其他比例缩小,按照裁剪方案进行排料。其主要针对产品尺寸大、配套产品的排料。在排料过程中可以用来参考或报价时进行产品单耗预算的依据。例如窗帘、床上用品、浴帘、桌巾等。

2.排料画样的方法

（1）手工排料:目前大部分的家纺企业采用手工排料的方法。家用纺织品企业排料是排料员根据裁剪方案或工艺单文件资料,凭借丰富的经验进行全手工的排料,这对排料员的个人技能要求比较高,在实际的生产中也可以交叉控制面料的损耗。

（2）计算机排料：计算机排料由于需要配置相关的设备，投入成本高，对操作人员的要求也比较高，在家纺企业应用不广。目前，有的家纺企业采用在计算机中按工艺单要求绘制缩小的样板排料图，并打印排料图，根据缩小比例的排料图进行排料。

（五）排料的准备工作

1. 核对订单工艺技术资料及样板

在排料前应仔细检查订单工艺技术资料，了解产品的用料、款式结构、颜色、花型方向、对条、对格等。另外还要检查样板，具体内容如下：

（1）检查所有的样板纸样是否与排料所需用到的样板一致，包括样板的数量、规格尺寸。

（2）检查样板的质量是否完好，对于有破损的样板或旧样板必须要复核后才能使用。

（3）根据裁剪方案制订的排料计划单进行排料。

（4）在排料完成后，必须经过裁剪车间主任复核，确保所有的样板都未遗漏，丝缕方向、花型方向等都按要求排版。

2. 核对面辅料

（1）向仓库领取正确的面辅料，并核对面辅料的数量、颜色、缸号、幅宽等是否符合要求。

（2）核对面辅料的单耗，单耗决定了整个订单所需要的用量，在实际的操作过程中也会遇到生产任务通知单上的单耗与实际所需的单耗不一致的情况。

（3）了解面料的性能，特别是伸缩性，例如全棉面料会由于缩水的原因造成短码。

（六）排料的原则

1. 裁片的对称性

家用纺织品大部分的裁片都需要左右对称，排料时应注意样板正反的排放，不能出现"同顺"的现象。

2. 倒顺要求、对条对格、花型方向

排料时要注意面料的倒顺，条格、图案、文字的方向，一定要放正确。对于有条纹或格子的面料，要注意左右对称，横竖对准，条子和格子不能有错位的现象。

3. 经纬方向

排料时要注意面料的经纬方向，一般面料的长度方向为经向，宽度方向为纬向，应严格根据样板上丝缕标注的方向进行排料。

4. 节约面料

排料时一定要先排大片再排小片，排料一定要紧密，能套裁的应安排套裁，减少面料的损耗。

（七）铺料的方式及准备工作

铺料也叫拉布，铺料是根据裁剪方案制订的铺料段长和铺料的层数，将面料一层层平铺在裁床上。

1. 铺料的方式

（1）单面同向铺料法：指铺料时每一层的布面都向上或都向下，并且铺布的起点和终点的方向是一致的。单面同向铺料法见图 3 - 1。

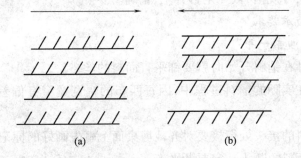

图3-1　单面同向铺料法

(2)单面双向铺料法:铺料时布面每一层都向上或布面每一层都向下,而每一层的毛向都不一致的铺料方法,单面双向铺料法见图3-2。

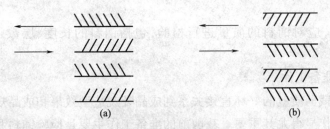

图3-2　单面双向铺料法

(3)合面同向铺料法:布面相对进行铺料且毛向相同的铺料方法。合面同向铺料法见图3-3。

(4)双向单面铺料法:布面相对进行铺料且毛向不一致的铺料方法。双向单面铺料法见图3-4。

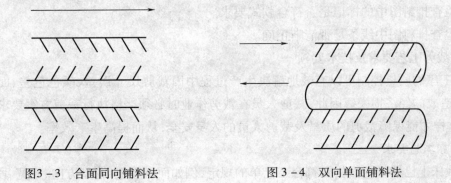

图3-3　合面同向铺料法　　　　图3-4　双向单面铺料法

2.铺料的准备工作

(1)向仓库领取正确的面料,并确定面料的幅宽、数量、颜色、缸号等。

(2)根据工艺单要求,编制裁剪方案。

(3)领取样板、裁剪工艺单资料进行划样。

(4)复核排料图,尺寸规格,裁片是否齐全、正确。

(八)铺料的工艺技术要求

1. 铺料时要做到"四齐一平"

(1)起手要铺齐:即在铺料开始时就要铺平直面料的丝缕。

(2)布边要铺齐:在实际的铺料过程中,因每匹布的幅宽宽窄有偏差,因此,要确保其中一面的布边要平齐。

(3)接头要齐:布料的接头处衔接要对齐裁剪桌面上事先画好的标记。

(4)断头要平齐:面料的断头一定要断平齐。

(5)一平:每一层的布面都要摸平。

2. 严格按照裁剪方案、排料图、工艺单资料进行铺料

(1)在铺料过程中,发现布料有疵点的应根据疵点程度的不同作出断料处理或通知生产部门等待通知。

(2)铺料完成后,应对铺料的质量进行检验,包括铺料的长度、层数、丝缕方向及花型方向等。

(九)裁剪前的准备工作

裁剪又称割布,裁剪质量的好坏直接关系到成品外观造型效果和成品规格尺寸的偏差。所以,裁剪前的准备工作显得尤其重要。裁剪前的准备工作主要是检验铺料和排料图的情况。

1. 检查铺料

(1)检查铺料的面料、颜色是否符合要求。

(2)复核铺料的长度、层数、幅宽、尺寸是否符合要求。

(3)检查铺料丝缕方向,铺料是否有纬斜的现象,布边是否平齐,花型方向是否正确。

2. 检查排料图

(1)检查排料图是否与工艺单上的排料图一致。

(2)检查排料图中的标记是否符合款式要求。

(3)检查排料图中线条是否清晰正确。

(十)裁剪工艺要求及技术要领

裁剪工序的质量控制可以有效地解决生产过程中因裁剪尺寸误差、颜色色差、面料花型裁错等原因造成的经济损失。因此,裁剪人员在裁剪作业时必须严格执行裁剪方案要求和裁剪操作规定,这样才能保障裁剪的质量及裁剪人员的人身安全,从而提高生产效率。

1. 裁剪工艺要求

(1)裁床上已铺好的面料要符合工艺单的规定,例如面料颜色、花型方向、幅宽、段长等。

(2)核对排料图上的规格尺寸,检查裁片是否齐全,是否符合裁剪方案要求。

(3)核对排料图上的刀口定位标记是否齐全、正确。

(4)核对铺料的质量情况,看铺料是否平整、平齐。

2. 裁剪技术要领

(1)裁剪人员在裁剪作业时,必须要做好保护措施,以保证自身的安全,例如双手要戴上具有防护作用的金属手套。

（2）裁剪时，应保持裁剪刀垂直于裁床，避免裁床上的面料上、中、下层裁片产生误差。

（3）从外口向内口裁，先竖后横，逐段裁剪。

（4）在裁剪薄料或者铺料的高度低于5cm以下时，裁床上的面料长度方向两边都要用夹子先固定住，以防裁剪时裁片错位。

（5）裁剪定位刀口要准确，刀口深度不可以超过0.3cm。

（6）经常更换裁剪刀片，避免因裁剪刀片刀刃不锋利而引起裁片起毛、勾丝。

（7）经常维护、检修裁剪设备，保证裁剪设备的正常使用。

（8）加强裁剪人员上岗前的培训工作，提高安全操作意识。

（十一）裁片分包、验片

1. 裁片分包

各家纺企业裁剪车间每包捆扎的裁片数量没有统一标准，一般根据产品的规格、面料的厚薄而定，在实际操作中，工厂要求每包裁片的数量基本一致，且一包内裁片的颜色要一致。这样生产过程中上、下道工序交接时便于清点数量，且一包内裁片不会出现色差。裁片分包需要注意的事项有以下几点：

（1）每包裁片上都必须附有一张工艺流程卡，见表3-3。

表3-3　工艺流程卡

订单号		发出数量	
产品名称		车工	
颜色		实收数量	
规格		检验	
裁剪数量		回修数量	
裁剪工		包装工	
缸号		备注	

（2）工艺流程卡上的裁剪数量应与实际数量相符。

（3）每包裁片上必须是同一个颜色，同一个规格尺寸，同一个订单的相同产品，切忌张冠李戴。

（4）每包裁片必须来自于同一匹面料或同一个缸号的面料。

（5）每包裁片都应用布条或绳带进行捆扎。

2. 验片

验片是对裁剪质量的检验，验片的目的是防止不合格的裁片进入缝制环节。验片的主要检查项目有以下几个方面：

（1）检查裁片的规格尺寸是否符合要求。

（2）检查裁片是否齐全且符合工艺单的要求。

（3）检查裁片的面料是否正确。

（4）检查裁片的花型方向、丝缕方向是否符合工艺单要求。

（5）检查裁片的四周裁剪是否顺直。

（十二）裁片品质控制的重要性

目前，家纺企业对裁片的品质控制不够重视，而更多地注重成品的质量检验，因此，造成部分不合格裁片进入缝制环节，缝制过程中可能会出现裁片数量短缺、疵点多、尺寸误差较大的情况，影响了生产的进度并使上下道部门之间产生矛盾（裁剪人员、缝制人员、检验人员）。为了有效地改变这种局面，家纺企业必须建立完善的裁片品质控制制度，从源头抓起，杜绝不合格的裁片进入下道工序，确保每条裁片的质量符合裁剪的要求。这样才能使成品的合格率提高。

三、缝制工艺及要点

（一）缝制工艺的要求

1. 确定缝制工艺的步骤

每个产品尤其是新产品的缝制都要进行分解、分析，制订符合缝制操作的步骤。同时，要明确缝制工艺的各项要求及检验标准，便于缝制过程中自查。

2. 缝制中统一辅料的缝制方法

缝制中若辅料的缝制位置、方法等不一致会影响产品的外观效果。在缝制辅料（如水洗标、法律标）时要严格按照订单要求进行缝制，避免出现成品缝制的水洗标距边位置方向不一致的情况。

3. 缝制中注意拼块之间的色差

家纺产品因款式、面料幅宽、缝制工艺等方面的要求，在缝制时经常会使用面料拼接的手法。相同颜色、相同面料的拼接必须要注意两个拼块之间色差要在允许范围之内。

4. 缝制针距的控制

缝制针距控制是保证产品外观质量的一个重要环节。针距的长短影响到产品的使用性能，所以要注意缝制针距的长短，不能随意调节，应严格按照工艺单上的针距要求进行调节。

5. 缝制缝份的控制

缝制的缝份宽窄要一致，缝份压线要顺直。

（二）缝制车间生产的组织

缝制车间生产的组织工作量大，涉及面广。缝制车间的任务是把裁片转换成成品。缝制车间组织结构图见图3-5。

缝制车间的生产组织应严格按照产前确定样、工艺单资料进行，在缝制过程中合理安排缝制工序的流程，提高劳动生产效率，控制缝制质量。

缝制车间生产组织安排必须要坚持以下三个原则：

（1）坚持缝制工序的合理化、规范化，严格执行工艺单要求的缝制操作。

（2）坚持缝制生产进程的协调性，有计划地制订缝制生产任务。

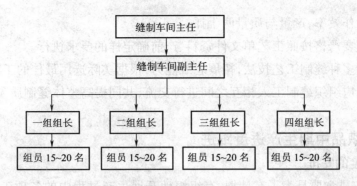

图 3 – 5　缝制车间组织结构图

（3）缝制生产过程中对缝制质量问题要有预见性,提前发现和制订解决缝制工艺技术难题。

（三）缝制车间生产计划进度制订

家纺企业缝制车间应根据企业实际的生产能力、现有的生产设备、内部人员情况以及他们对产品缝制工艺技术的熟练程度等来制订缝制车间日生产计划表、周生产计划表、月生产计划表。相关人员应根据生产进度表严格按照缝制工艺要求去完成生产任务,确保产品能准时交货。

家纺企业缝制车间生产计划表见表3 – 4。

表 3 – 4　家纺企业缝制车间生产计划表

订单号：　　　　　　　　　　　客户名称：　　　　　　　　　　　　交货日期：

产品名称	颜色	规格	订单数量	当日完成数量	预计完成日期
备注：					

制表人：　　　　　　　　　　缝制组长：　　　　　　　　　　　　车间主任：

日　　期：　　　　　　　　　日　　期：　　　　　　　　　　　日　　期：

（四）缝制工艺质量控制的措施

缝制工艺的质量直接影响成品的外观、销售、使用性能等。家纺企业要在实际的缝制生产过程中严格控制质量,减少不合格品流入下一道工序。缝制工艺质量控制措施主要有以下六个方面：

（1）产品的缝制工艺要规范化、准确性要高。

（2）根据客户的不同要求,制订相关的缝制工艺质量标准。

（3）应提高工作效率，产量与质量两手抓。

（4）缝制工艺要严格按照工艺单文件资料、产前确定样的要求执行。

（5）随时掌握多种缝制工艺技法，拓展思维能力，根据实际选用最佳的工艺技法。

（6）缝制车间应组织缝制工人相互之间进行交流，共同提高整体缝制质量。

四、家用纺织品中期生产进度跟进

（一）生产进度的安排

生产进度的安排主要是为了有计划、有组织地开展生产过程中的各项工作，使大货订单的生产按照预先计划安排好的生产进程时间完成各个阶段的生产任务。在生产过程中，各生产相关部门要严格按照生产计划安排进度、工艺技术要求、质量控制，准时完成生产任务。跟单员在大货生产过程中，要随时跟进生产的进度，做好相应的记录，并与原计划的生产时间作对比，对来不及完成的生产任务要及时调整生产进度，合理地控制实际生产进度。家用纺织品有限公司生产进度见表3-5。

表3-5　家用纺织品有限公司生产进度

合同订单号：　　　　客户名称：　　　　合同交货期：　　　　预计交货期：

序号	产品名称	规格	数量	合同金额	面料情况	辅料情况	产前样	裁剪	缝制	包装	船样	备注

制表人：　　　　　　　　　　　制表日期：

（二）大货生产前的小批量生产测试及评审

大货生产前的小批量测试在一定程度上对大货生产的质量起到了预防指导的作用，大货生产前小批量测试的结果可以反映出大货生产中的实际情况（如工艺技术、缝制工序、缝制的时间、产值），便于大货生产进度的安排和质量控制，提前做好预防措施，避免大货生产中出现类似的各种质量问题。

1.大货生产前小批量测试及评审流程（图3-6）

2.大货生产前小批量生产测试实例操作

例如：大货订单生产1万条特丽纶窗帘，目前公司缝制车间有4个缝制小组需要进行大货生产前的小批量生产测试。

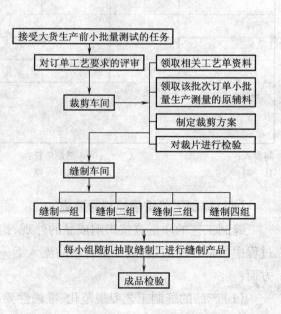

图3-6　大货生产前小批量测试及评审流程图

（1）由技术科制订相关的工艺单文本资料，如裁剪工艺单、缝制工艺单，提供首件确认样，给4个小组各1条窗帘。

（2）裁剪车间根据裁剪工艺单制订裁剪方案，领取原辅材料裁片（100条窗帘）。

（3）检验员对裁片进行检验，看是否有污渍、料疵、裁片尺寸不准等质量问题。

（4）经检验合格的100条窗帘裁片分给4个组长，每组分得25条窗帘裁片，各组组长随机抽取5名缝制工，每人缝制5条窗帘。

（5）缝制完成后，由检验员检验，测量尺寸，并做相关记录。

（6）由质检部门召开大货生产前小批量生产测试质量评审会议。

（7）制订大货生产中质量控制方案。

（8）大货生产中进行复核改进的情况并做相关记录。

大货生产前小批量生产测试评审，见表3-6。

表3-6 大货生产前小批量生产测试评审表

工厂：		订单号：		客户：	规格：
产品名称：		订单数量：		测试数量：	成分：
评审项目	内　容	致命问题	主要问题	次要问题	备　注
面料辅料情况	颜色,色差				
	幅宽				
	克重				
	密度				
	面料疵点				
	手感				
	色牢度				
	油渍、污渍				
	防水				
成品加工情况	长度				
	宽度				
	缝制				
	针距				
	污渍				
	辅料缝制				
	针距				
	锁眼				
	吊钩				
	针孔				
	线头				

续表

评审项目	内　容	致命问题	主要问题	次要问题	备　注
包装情况	外观				
	宣传卡				
	包装袋				
	不干胶				
	防盗标				
	折叠方法				
	条码扫描				
	装箱数量				
存在问题					
评审结论					
改正方案					

评审人员：　　　　　　　　　　测试组员：　　　　　　　　　　复核人：

日　　期：　　　　　　　　　　日　　期：　　　　　　　　　　日　　期：

(三)生产中所需辅料的采购

在安排生产计划时,要及时安排专人负责采购生产中所需的辅料,避免出现需要用到时辅料未到位的现象,影响生产的进度。如在实际的生产跟单过程中,会遇到产品在缝制时缺少水洗标,要包装了才发现 PVC 袋子、条形码、不干胶、宣传卡、纸箱等包装辅料未到位的现象,影响了生产的进度。

生产中所需辅料采购的注意事项:

(1)采购之前要编制辅料采购计划单,并要与辅料的供应商签订包装辅料订货合同。

(2)采购要及时,采购回来的物品要及时入库并通知相关生产部门(车间)领取。

(3)采购的材料要进行检验,看数量、质量、颜色、规格是否与采购要求一致。

家用纺织品企业包装辅料订货合同见表 3 - 7。

表3-7　家用纺织品企业包装辅料订货合同

兹向＿＿＿＿＿单位订购以下物品　　　　　　　　　　　　　　　　　　合　同　号：

联系人：　　　电话：　　　传真：　　　　　　　　　　　　　　　　　所用订单：

货物名称	规格、颜色	数量	单位	单价（含税）	金额（含税）
合计金额					
交货日期			交货地点		

合同须符合以下条款：

1. 本合同一经双方签署，即予生效或卖方收到本合同三个工作日之内如无异议视为确认此合同各项条款及所有明细要求，但买方有权在合理时间内提出更改订单中非根本性条款或增加非根本性条款。

2. 卖方应按合同规定的要求，按时将订购商品送交买方指定仓库或车站，所需之装卸运杂费由卖方负担，交货时应随附各种有关单据。买方根据合同规定的品名、规格、数量进行验收，如不符合合同所列各点规定，买方有权拒收。

3. 由于质量及包装等原因造成的损害事实，由卖方负全部责任。

4. 买方凭业务员本人及仓库验收签字＿＿＿＿＿天内付款。

5. 若双方有特殊协议，应在有关协议精神基础上履行此合同。

6. 如双方发生争议，应协商解决。如协商无效，提交买方所在地法院处理。

卖　　方：　　　　　　　　　　　　　　　买　　方：

业务主管：　　　　　　　　　　　　　　　业务主管：

签　　章：　　　　　　　　　　　　　　　签　　章：

确认日：　年　月　日　　　　　　　　　　购订日：　年　月　日

（四）出货时间安排的跟进

家用纺织品外贸公司的理单员、跟单员要随时同生产企业的理单员保持联系，了解订单各个阶段生产进度的完成情况，是否能按原出货时间完成任务。同时，理单员、跟单员要经常到企业去实地考察了解企业的生产进程、生产过程中遇到的实际困难，协助企业解决一些通过电话、邮件无法解释清楚的具体问题。生产企业理单员要随时关注各订单的生产进度，做好相关订单出运装箱单的预报工作，经常去车间检查，看大货生产是否存在质量问题，做到提前发现及时改正。各生产车间主任应及时配合，抓好质量的同时准时完成生产任务。出货时间安排的跟进主

要有利于以下几方面:

(1)使生产部门严格执行生产任务通知书所下达的生产任务,并准时完成。

(2)督促生产部门在执行生产任务时的时间进度安排。

(3)有利于合理调配生产任务,安排下面订单的生产计划。

(4)加强各部门的协作精神。

(5)有利于提高工作效率,保证生产任务的有序开展。

(五)处理客户资料的临时更改

在大货生产的过程中,经常会遇到客户资料的临时更改,如果不及时调整生产,会造成不必要的经济损失,延误交货期或导致产品空运。能够有效地去解决协调生产过程中发生的突发事件,是一个企业团队合作精神及各部门之间积极配合的最好体现。

下面通过案例来分析处理客户资料临时更改的具体操作及应对措施。

案例1:

大货生产进度达80%左右,客户收到船样后,经过实验室检测发现窗帘水洗色牢度低于3级,会褪色,而要求的窗帘水洗色牢度应大于等于4级。客户提出接受大货产品,但是要求更换大货产品上的水洗标及宣传卡上的内容,将原来水洗标及宣传卡上的"可水洗"改成"不可水洗"(Spot Clean Only)。

处理:

家用纺织品企业在生产中经常会遇到类似的问题,首先要同客户协商是否能推迟交货期,同时安排重新印刷水洗标和宣传卡,大货继续生产,先不缝水洗标,等重新印刷的水洗标到货后再补缝,并预估重新印刷水洗标和宣传卡所需要的时间,及时向客户说明。

案例2:

大货生产过程中,客户对订单产品数量、颜色提出增减,例如原订单合同资料米色餐垫9000片,绿色餐垫5600片,红色餐垫7600片,金色餐垫8300片,修改后的订单资料为米色餐垫10000片,绿色餐垫6000片,红色餐垫5600片,金色餐垫8900片。

处理:

这种问题的处理,涉及家用纺织品企业的整个生产流程。收到修改资料后,采购部门应及时同面料供应商联系,看面料的生产进度如何。如果面料生产在织造阶段可以按新订单的数量单耗多织一些坯布。如果已按原计划数完成染色,那么只能重新补数。补数时要求原料的品质、颜色要同第一次染色的布样一致,尽量减少每缸颜色的色差,并随时跟进面料的生产进度,以便能按时完成生产任务。

案例3:

某一订单合同窗帘米色10000条,红色12000条,全部海运。在产品出货之前客户决定米色 2000 条,红色 2000 条先空运,目的是为了使空运的部分产品先进入展销会展示。

处理:

按照客户的要求处理,但同时与客户协商因空运和海运而产生的费用问题,一般情况下会得到客户的理解。但是如果是长期的老客户,订单量又非常大,一般家用纺织品企业不会提出费用的问题,有可能把这部分额外的费用计入下次翻单的订单合同上。

五、大货生产样(船样)的制作

大货生产样又称船样,船样是客户未收到大货产品之前用来推销或展示用的。船样是宣传即将上市的产品,大货成品出运前从大货生产的产品中随机抽取的并且能代表大货产品质量水平的产品。船样由供应商寄送给客户,客户可以根据船样的质量判断是否可以接受该批次大货订单产品。家纺企业提供给客户的船样往往是由打样车间单独裁剪缝制包装的,相对来说产品的质量比较好。船样的制作一定要准时,生产厂商必须在大货出运前 7～10 天(注:大货生产的成品未到达客户的仓库之前)将船样送到外贸公司,由外贸公司理单员根据要求检验合格后送寄给相关客户,便于客户收到船样后在自己的专卖店或展示厅展示并及时推销。船样必须按照合同要求的数量、时间准时寄给客户,否则会导致客户失去最佳的展示推销时间,这也是买卖双方必须要遵守的规则。

由于家用纺织品产品的特性(产品变化多且快,有客户市场、流行趋势的变化,也有供应商生产制造方面的变化),所以家用纺织品企业从产品的推销到签约再经过反复的修改确认,直到最终产品的完成,客户对最终生产出来的产品到底什么样,心存疑虑,所以会有很多客户要求大货出运前必须先寄船样,确认无误后,才可以订舱、发货出运,收到船样确认后才可以去银行结汇或付款。

因此,如果客户提出需要确认船样后才可以出运货结算,这是为了自我保护,也是符合国际惯例的,但是这种要求会给出口供应商带来很多的问题,所以必须要提早计划,做好船样的制作、寄送工作。如果客户确认了船样,而且船样和大货又相符,客户就没有理由拒付货款或拒收货物。

船样的常规要求有以下几个方面:

(1)款式样。每款一件或几件样品,主要看款式、面辅料、包装等是否正确。

(2)齐色齐码样。每款的每个尺码、每个颜色都必须有样品。

(3)齐码跳色样。每款的尺码必须齐全,但是颜色可以岔开。例如有一个订单窗帘 40 英寸×63 英寸白色,40 英寸×84 英寸米色,40 英寸×90 英寸黄色。不必齐色齐码,但每个码和颜色都有了代表。

(4)跳色跳码样。每款都可以错开给颜色和尺码样品。

通常船样是代表从大货里取出的样品,所以船样是要按照大货的规定付费的,可以在开给客户的装箱单、发票上注明:船样多少件,多少钱合计进去。

如果是信用证,没有溢短装条款的,就从数量上扣减。可以溢短装的就另外加上去。有的公司船样是免费的,船样每款 3 条,价格包含在订单合同的单价中。在签订合同时,买卖双方都要洽谈好的。

六、家用纺织品中期生产进程跟单

(一)面料(辅料)各项指标的测试

为了保护买卖双方的合法权利,通常情况下,国内外的家用纺织品贸易公司(即买方)会要求供应商(即卖方)提供大货面料(辅料)的测试报告,并以此作为最终决定是否同意接受该批次货物的参考依据之一。

家用纺织品面料(辅料)的测试指标主要是色牢度、成分、光照色牢度、染料是否含有有毒的化学成分等。

(二)国内外主要的检测机构及检测标准

1. 国内外主要的检测机构

家用纺织品出口的检验机构不仅有国家官方检验机构,还有许多民间的、私营的或半官方的检验机构,包括一些国外著名的跨国公司和一些合资检验机构。现将与家用纺织品有关的主要检验机构介绍如下。

(1)中华人民共和国出入境检验检疫局。1999年8月,国务院批准全国各地出入境检验检疫机构重新组建,将原来卫生部负责的国家出入境卫生检疫、农业部负责的动植物检疫和国家进出口商品检验总局负责的进出口商品检验三检合一,成立了国家出入境检验检疫局(简称CIQ),下设省市级35个直属局以及各局下属的商检公司,负责所辖区域的出入境检验检疫、鉴定及监管工作。

(2)瑞士通用公证行。瑞士通用公证行(SGS, Societe Generale De Surveillance S. A.)是目前世界上最大的专门从事国际商品检验测试和认证的集团公司,是一个在国际贸易中有影响的民间独立检验机构。SGS集团是全球最大的跨国第三方检验机构,总部设在日内瓦。SGS现在已在我国的北京、天津、青岛、大连、秦皇岛、南京、上海、宁波、武汉、厦门、广州、深圳、湛江等地设立了办事处或实验室。SGS通用标准技术服务有限公司(SGS – CSTC Standards Technical Services Co. , Ltd.)是在上海设立的办事机构,设有纺织品实验室,为国内外进出口方提供全面的检验、实验和认证服务。

(3)天祥检验集团。天祥检验集团(ITS, Intertek Testing Services)前身是英之杰检验服务集团,是世界上规模最大的工业与消费品测试、检验和认证机构之一。天祥检验集团的总部设在伦敦。

天祥检验集团在各国的实验室被众多的国际性认可机构,如中国实验室国家认可委员会(简称CNACL)、美国实验室认可协会(简称ALA)、欧洲实验室鉴定联合组织(简称EAL)、加拿大标准协会(简称SCC)、英国实验室认可服务组织(简称UKAS)等所认可。

2. 国内外家用纺织品检验中参照的主要检测标准

(1)GB(Guobiao)中华人民共和国国家标准。

(2)AATCC(American Association of Textile Chemists and Colorists)美国纺织化学家和染色家协会。

(3)ASTM(American Society for Testing and Materials)美国测试和材料学会。

(4)JSA/JIS(Japanese Standards Association/Japanese Industrial Standard)日本标准协会/日本工业标准。

（5）ISO（International Organization of Standardization）国际标准化组织。

（6）DIN（Deutsches Institut fur Nor – mung）德国工业标准。

（7）BSI（British Standards Institution）英国工业标准。

（8）IWS（International Wool Secretariat）国际羊毛局。

（9）AS（Australia Standard）澳大利亚标准。

（10）CAN/CGSB（Canadian General Standards Board）加拿大标准委员会。

（11）NF（Association Francaise de Normalisation）法国标准化协会。

（12）USCPSC（The United States Consumer Produce Safety Commission）美国消费品安全委员会。

（13）ANSI（American National Standards Institute）美国国家标准学会。

（14）SATRA（Shoe and Allied Trades Research Association）鞋类和联合贸易研究协会。

（三）合理安排大货的生产进度

家纺企业要根据订单的交货期,结合本企业的实际生产能力,制订大货生产进度计划并通知相关的生产人员、跟单人员。如遇到客户交货时间短或在同一交货期间生产任务多没有能力完成的情况,要及时同客户理单、跟单人员协商出货时间是否可以延期,并要得到客户理单、跟单人员的书面同意后方可变更交货日期。假如客户不同意延期的话,那家用纺织品企业就必须要合理安排生产进度,可以安排外加工单位来负责完成某一订单或某一订单的相关产品以便能按时完成生产任务。同时,要严格控制外加工单位生产的产品质量,规范外加工单位的配合程度,其生产的产品要达到客户对质量和包装的要求。家用纺织品有限公司大货生产进度计划表见表3－8。

表3－8　家用纺织品有限公司大货生产进度计划表

序号	订单号	产品名称	合同金额	合同交货期	预计交货期	产前样情况	面料情况	辅料情况	裁剪情况	缝制情况	包装情况	备注
1												
2												
3												
4												
5												
6												
7												
8												
9												
10												
11												
12												

填表人：　　　　　　　　　　　　　　　　　　　　　　　　　　　　　填表日期：

(四)生产跟单资料的整理

在家用纺织品生产跟单过程中,随着生产进度往后推移,生产跟单资料也会相应增加或者出现资料修改的情况,要及时整理、更新生产跟单文件资料,这是生产跟单员日常工作内容之一,生产跟单文件资料的更新是否及时,直接关系到生产的进度。

1. 家用纺织品生产跟单文件资料

(1)客户提供的原始合同资料、工艺单、包装资料、面辅料确认样及原样图片及生产技术文件资料。

(2)大货面辅料确认样样布。

(3)生产跟单过程中增加的文件资料及修改文件资料。

(4)生产跟单过程中的半成品、成品质量检验报告,面辅料检验报告或测试报告。

2. 家用纺织品生产跟单文件资料整理的作用

(1)可以及时了解生产跟单进程,便于同客户的沟通交流。

(2)可以在生产过程中监督生产企业的生产情况是否与文件资料内容要求一致。

(3)有利于日常生产跟单工作有序开展,便于文件资料的查阅。

(4)可以及时了解生产中实际的工艺技术困难,便于协助工厂尽快解决。

七、家用纺织品中期成品质量检验

通常情况下,根据订单合同工艺单上的成品尺寸,用卷尺、软尺来测量成品各部位的尺寸,并且把实际测量的数据与工艺单上的成品尺寸作对比,判断其实际成品尺寸是否在允许误差范围内。由于客户不一定会接受实际的误差尺寸,所以必须建立规范的测量细则,以此来规范成品实际所测量的尺寸真实有效,其误差的范围不影响其使用性能。

(一)家用纺织品成品测量的要点

(1)测量的部位及方法严格按照工艺单的要求进行检验。

(2)测量时,成品一定要摊放平整,测量时不能拉伸被测量的成品。

(3)成品检验时,检验的场地光线要好,被检验的成品需要平放在检验桌板上进行检验。

(4)测量时,检验人员一定要亲自测量并如实记录测量数据。

(5)测量时,要在不同的地方随机抽取成品进行测量,这样有利于客观反映成品的实际尺寸。

(二)家用纺织品成品规格误差规定

家纺成品规格检验的误差范围是由产品的实用性和成品款式特点所决定的,为了使检验员与客户之间对成品规格的误差有所统一,提高产品测量的准确度,制订了家纺成品允许的误差范围,见表3-9。

表3-9 家纺成品尺寸要求允许误差

产品名称 公差/cm 部位	餐桌系列					靠垫系列				
	台布	桌巾	餐垫	餐巾	杯垫	靠垫套	靠垫套(充棉)	椅垫	沙发套	椅子套
长度	±1.5	±1.5	±0.5	±0.5	±0.2	±0.5	±0.5	±0.5	±1	—
宽度	±1.5	±0.5	±0.5	±0.5	±0.2	±0.5	±0.5	±0.5	±1	—
上下部宽度	—	—	—	—	—	—	—	—	±1	—
裙边宽度	—	—	—	—	—	—	—	—	±0.5	±0.5
前坐垫	—	—	—	—	—	—	—	—	±1	—
松紧带长度	—	—	—	—	—	—	—	—	±0.5	—
后中到前坐	—	—	—	—	—	—	—	—	±1	—
扶手(长)	—	—	—	—	—	—	—	—	±0.5	—
前坐	—	—	—	—	—	—	—	—	—	±0.5
后背	—	—	—	—	—	—	—	—	—	±0.5
前背	—	—	—	—	—	—	—	—	—	±0.5

产品名称 公差/cm 部位	窗帘系列				床上系列				
	窗帘	窗帘头子	浴帘	被子(充棉)	床单	枕套	床裙	披巾	脚垫
长度	±1	±0.5	±1	±2.5	±1	±1	±0.7	±1	±1
宽度	±1	±0.5	±1	±1	±1	±1	±0.7	±1	±1
穿杆位	+0.2	—	—	—	—	—	—	—	—
底边折边	±0.2	—	—	—	—	—	—	—	—
侧边折边	±0.2	—	—	—	—	—	—	—	—
高度	—	—	—	—	—	—	±0.7	—	—

注 后中到前座是指沙发套后面中间位置到前面相应平齐的位置,相当于沙发套的一个高度尺寸。

八、家用纺织品中期验货报告的编制

(一)中期跟单检验

家用纺织品中期跟单检验是跟单员在生产进程跟单中的一个非常重要的步骤,中期跟单检验必须要保证光线充足。

检验的操作台板一定要光滑干净,以免产品引起勾丝、污渍等疵点;抽检的裁片从每包中随机各抽3片测量。

1. 半成品检验

半成品检验时,跟单员必须检验每个操作者的产品,而且要随机抽取检验,不要指定操作者。同时在抽检过程中,一定要亲自抽取,以防被第三者(或工作陪同的检验员)调换。

2. 产品尺寸的测量

通常情况下,每包随机抽取三件成品,测量其尺寸并做好记录,将实际产品的尺寸与订单要求的尺寸相对比,这样就可以判断大货的尺寸是否在误差允许范围内。

(二)中期跟单的主要内容

家用纺织品中期跟单的主要内容包括裁剪工序的品质管理控制和缝制车间的半成品生产进程的跟踪,以便控制大货生产中期的产品质量和进度,大货生产要完成 50% ~60% 成箱。中期跟单是家用纺织品大货生产进程中质量控制的重要环节,中期生产的质量情况直接影响成品的质量。跟单员要在中期跟单过程中,严格把好质量关,避免等到大货成品检验时才发现该批次产品存在严重的质量问题,或水洗标位置缝错,工艺要求与首件确认样不符等情况,导致交货期延误,造成生产上的混乱。

跟单员在裁剪工序一定要控制好裁剪工序的品质,特别要做到以下几点:

(1)原料色差严重超出客户接受的标准,不允许开裁。

(2)原料纬斜严重,造成无法对条对格的不允许开裁。

(3)原料与裁剪订单号的确认标样不符合时不允许开裁。

(4)原料在没有经客户测试确认之前不允许开裁。

家纺半成品跟单是指对在缝制过程中的半成品根据工艺单、订单合同的要求进行检验,半成品的检验主要包括:审核产品在缝制过程中工艺是否正确,水洗标文字位置的核对,半成品外观质量的检验。半成品跟单可以有效控制缝制工序的质量,提前并及时发现问题、解决问题。

半成品跟单过程要对缝制工序进行巡检工作,对缝制的首件成品进行检验分析,提出整改措施,半成品的质量直接影响到大货的整体质量水平,要加强半成品跟单的力度,提高跟单员的专业技能。

(三)中期验货报告的填制

家用纺织品中期验货报告要客观公正地反映中期跟单检验中存在的质量问题,并要求工厂整改或同意接受该批次大货生产的产品。中期验货报告的编写要简洁,便于验货员填写。家用纺织品有限公司中期验货报告见表3－10。

中期验货报告填写应注意:

(1)跟单员要有较强的专业技能素质,善于发现产品存在的问题并如实记录填写。

(2)跟单员应核实生产进度状况:裁剪、缝制、包装完成生产任务的百分率。

(3)跟单员在填写结论时要慎重,根据存在问题的缺陷数值进行判定该批次是否可以接受或返工不接受。

(4)跟单员对中期验货报告要做好登记留存的工作,以备查用或大货终期验货时着重检查大货成品是否仍存在中期检验发现的问题。

表 3-10　家用纺织品有限公司

中 期 验 货 报 告

工　厂		订单号		客　户	
产品描述		颜　色		成　分	
款　号		订单数量		出运数量	
生产进度		□%裁剪工序完成	□%缝制工序完成		□%包装工序完成
原　料					
颜　色					
规格尺寸					
查货瑕疵记录			严　重	主　要	轻　微
验货评语：					
验货总数：			不合格数		
处理意见：					

□接受　　　　　　　　□返工　　　　　　　　　　□重新检验

□同意出货　　　　　　□不接受　　　　　　　　　□担保出货

　　现经我公司抽查成品后,发现仍有以上问题,请工厂必须马上返修,否则一切责任概由工厂负责。

厂方负责人：　　　　　　　　验货员：

日期：　　　　　　　　　　　日期：

【知识拓展】

一、家用纺织品生产文件资料的编制

(一)家用纺织品企业生产流程简介

　　家用纺织品企业生产有其特有的操作流程,一般情况下家用纺织品企业的生产流程可以看成是六个部门共同配合协调完成的,生产流程如图 3-7 所示。

　　家用纺织品企业生产流程中六个部门的相互配合形成了企业的一个整体,企业的生产运作离不开这些部门相关人员的共同努力。

1. 产品开发

　　开始→市场调研→构思→设计图稿→样品制作→向客户推荐样品→客户样品确认→正式出样并得到客户的回答确认。

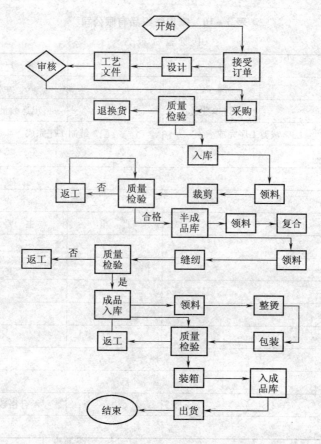

图 3-7　家用纺织品企业生产流程图

2. 工艺技术

接受客户订单→订单评审→编制工艺单→制作产前样并确认→审核。

3. 面辅料采购

制订面辅料采购计划→面辅料下样确认→大货生产跟单→质量检验→合格入库或不合格退货(面辅料供应商补数)。

4. 裁剪

接受裁剪生产任务→领料→裁剪→裁片检验→不合格(补裁)或合格入半成品中间库。

5. 缝纫

向半成品中间库领料→大货生产前小批量测试及评审→首件确认样制作及封样→半成品检验→成品检验→合格入成品库或不合格(回修、报废)。

6. 包装出货

向成品库领取产品及包装辅料资料→后整理→包装→装箱→成箱检验→不合格返工或合格入成品库→出货→结束。

(二)生产技术文件的编制及管理

1. 生产技术文件的编制

家用纺织品生产技术文件主要是指行业技术标准、企业相关工艺规程和技术岗位责任制,生产技术文件的编制有利于企业生产的有序进行,同时,是企业其他文件建设的依据和基础。

(1)行业技术标准:家用纺织品行业技术标准是指国家纺织行业技术标准,出口到所在国家的法律、法规所明文禁止的内在性能测试指标,是家用纺织品企业根据相关的标准去编制的技术标准。

(2)企业相关工艺规程:家用纺织品企业根据国内外客户的需要结合企业自身的实际情况编制相关的技术文件资料,如"××××家用纺织品有限公司检验标准","××××家用纺织品有限公司作业指导书"。企业相关工艺规程可以保证生产的合理化,减少不必要的损失。

某家用纺织品有限公司成品最终检验作业指导书见表3-11~表3-13。

表3-11　××××家用纺织品有限公司
成品最终检验作业指导书

××××家用纺织品有限公司
成品最终检验作业指导书
文件编号　　×××× 版 本 号　　×××× 受 控 号　　×××× 生效日期　　××××
制订　　　　　日期
核准　　　　　日期

文件修改记录

No.	修 改 内 容	修订人	修订时间	修改后版本/次

文件标题	成品最终检验作业指导书		文件编号		
制订部门		生效日期	页数	1/5	版本/次

范围:

适宜本公司包装完成后,出货前的成品最终检验。

1. 检验标准

序号	项目	标　　准
一	针法	流畅整齐,间隔均匀
二	表面	无错工、漏工,污渍、疵布、断线、油迹、色迹、水迹,线毛或任何浆霉斑点
三	面料 色差 手感	1. 对比确认样,与原样一致 2. 整条(套)无色差 3. 箱与箱不能有明显色差
四	餐桌 系例	1. 尺寸要符合要求 2. 卷边平直不起涟 3. 黏合衬不起泡、没有杂物、四角平直
	靠垫 系例	1. 需用绳边、花边的靠垫,且绳边、花边无漏底、漏洞 2. 充棉均匀、缝止口平直、均匀,无漏缝 3. 充棉克重要符合要求
	窗帘 系例	1. 尺寸要符合要求,折边平直,不起涟,在公差范围内,花型要向上 2. 帘头弧度均匀 3. 窗帘锁眼均匀,铁圈不生锈和松动
	床上 系例	1. 被子边到边有棉,封口用手撬,且表面看不出,四角要翻出,订位点圆圈直径 $1.5\sim2\text{cm}$,个数按客户要求 2. 床单折边平直,不起涟,床裙打折均匀,个数按客户要求 3. 枕套边框要平行、平直,一对枕套不能有色差 4. 席梦思套牛筋倍数均行,针孔不能外露,披巾单层,折边平直,双层压线均匀,尺寸符合要求 5. 脚垫毛头不能外露,不能有潮湿,帆布复合要平贴,四角呈方角
五	锁边	锁边针距密度均匀,不跳针、面底线松紧适宜
六	商标	商标、洗涤标、尺码标等位置准确、整齐、牢固
七	锁订	锁眼位置准确、钉扣大小适宜、整齐牢固
八	整烫 包装	1. 整烫平服、无烫黄,不掉色、走光,黏合衬部位不渗胶、不脱胶 2. 胶袋图案字迹清晰,不能脱落,胶袋大小应与实物相适应,封口松紧适宜 3. 包装数量、颜色、规格搭配应符合要求,挂牌、款号、尺码、颜色准确 4. 箱内外清洁、干燥、牢固,外箱正唛、侧唛规格尺寸准确 5. 箱底箱盖封口严密、牢固,封箱胶带两侧下垂 10cm,特殊情况除外,加固带要正,松紧适宜,卡扣牢固 6. 内外包装大小适宜

续表

文件标题	成品最终检验作业指导书		文件编号		
制订部门		生效日期		页数	2/5	版本/次	

九　尺寸要求允许误差

1　餐桌系列

品名	尺寸	误差	品名	尺寸	误差	品名	尺寸	误差
台布	长	±1.5cm	餐垫	长	±0.5cm	杯垫	长	±0.2cm
台布	宽	±1.5cm	餐垫	宽	±0.5cm	杯垫	宽	±0.2cm
桌巾	长	±1.5cm	餐巾	长	±0.5cm			
桌巾	宽	±0.5cm	餐巾	宽	±0.5cm			

2　靠垫系列

品名	尺寸	误差	品名	尺寸	误差	品名	项目	误差	项目	误差
靠垫套	长	±0.5cm	椅垫	长	±0.5cm	椅子套	前座	±0.5cm	裙边	±0.5cm
靠垫套	宽	±0.5cm	椅垫	宽	±0.5cm		后背	±0.5cm	前背	±0.5cm
靠垫充棉	长	±0.5cm	沙发套	上下部宽度	±1cm	前坐垫	+1cm		后中到前座	±1cm
靠垫充棉	宽	±0.5cm	沙发套	裙边高度	±0.5cm	松紧带长宽	±0.5cm		扶手 长	+0.5cm

3　窗帘系列

品名	尺寸	误差	品名	项目	误差	项目	误差
窗帘	长	±1cm	穿杆处	+0.2cm	侧边折边	±0.2cm	
窗帘	宽	±1cm	底边折边	±0.2cm			
帘头	长	±0.5cm	浴帘	长	±1cm		
帘头	宽	±0.5	浴帘	宽	±1cm		

4　床上系列

品名	尺寸	误差	品名	项目	尺寸	误差	品名	尺寸	误差
被子	长	±2.5cm（充棉）	枕套	外径	长	±1cm	脚垫	长	±1cm
被子	宽	±1cm（充棉）	枕套	外径	宽	±1cm			
床单	长	±1cm	枕套	内径	长	±0.5cm	脚垫	宽	±1cm
床单	宽	±1cm	枕套	内径	宽	±0.5cm			
床裙	长	±0.7cm	披巾		长	±1cm			
床裙	宽	±0.7cm	披巾		宽	±1cm			
床裙	高	±0.7cm							

十	其他	客户有特殊要求时,应符合客户要求去操作检验,并依照确认样及工艺单进行检验
十一	检验方法	第一至第八项为目测,第九项为卷尺测量

文件标题	成品最终检验作业指导书		文件编号			
制订部门		生效日期	页数	3/5	版本/次	

2. 检验结果的判定

根据缺陷影响产品整体外观、使用性能的轻重程度进行判定 A 类不合格和 B 类不合格

所有产品的规格公差都按照尺寸公差表中的成品规格要求(有客户要求除外)

有以下几种情况为"致命":(1)材料用错　　(2)功能失效

A 类不合格(主要)(A 类不合格:单位产品上出现缝制不良、沾污、破洞、规格不符等严重影响整体外观及使用性能的缺陷。)见表1

表1　A 类不合格

序号	A 类不合格
1	错绣(编):主要部位 1 处及以上
2	漏绣(编):主要部位、主花 1 处及以上
3	破洞(边、锁):主要部位 1 处及以上
4	烫黄:1 处及以上
5	色差:低于标准规定
6	规格尺寸不符:超公差50% 及以上
7	面料疵点:按标准规定
8	斑渍:明显
9	漏蓝:明显
10	整烫撑挂不良:明显
11	绣(编)不良:明显
12	辅料质量不好,一珠子、吊穗、钉扣等缝纫不好,锁眼未开,锁眼不对称
13	逆顺毛面料,同件(套)内顺向不一致
14	拉链品质不良,浴帘金属吊钩锈蚀
15	黏合衬按要求是否能下水,不能脱胶、渗胶、起泡、起皱
16	沙发套防水、防污、防油处理、浴帘防水效果不良
17	水洗标、法律标、不干胶、箱唛文字、图案、位置错误
18	原料克重不足
19	靠垫充棉重量不足,充棉不均匀,定位点不准,绑带强度不够

B 类不合格(次要)(B 类不合格:单位产品上出现缝制不良、沾污等轻微影响整体外观及使用性能的缺陷)见表2

表2　B 类不合格

序号	B 类不合格
1	错绣(编):次要部位 1 处
2	漏绣(编):次要部位 1 处
3	破洞(边、锁):次要部位不脱散 1 处
4	规格尺寸不符:超公差50% 以下
5	斑渍:不明显
6	漏蓝:不明显
7	整烫撑挂不良:不明显
8	绣(编)不良:不明显

续表

文件标题	成品最终检验作业指导书		文件编号		
制订部门		生效日期	页数		版本/次

3. 检验抽样方案:

3.1 抽样方案:一次抽样

3.2 检查水平:一般检查水平

3.3 合格质量水平:AQL　A. 类不合格品　AQL=2.5　B. 类不合格品　AQL=4.0

3.4 方案实施:

3.4.1 产品抽样见表1、表2、表3

表1　一次正常抽验表 件(套)

批量 N	抽验数 n	A 类不合格		B 类不合格	
		Ac	Re	Ac	Re
0~150	20	1	2	2	3
151~280	32	2	3	3	4
281~500	50	3	4	5	6
501~1200	80	5	6	7	8
1201~3200	125	7	8	10	11
3201~10000	200	10	11	14	15
10001~35000	315	14	15	21	22
35001~150000	500	21	22	21	22

表2　一次放宽抽验表 件(套)

批量 N	抽验数 n	A 类不合格		B 类不合格	
		Ac	Re	Ac	Re
0~150	8	0	1	1	2
151~280	13	1	2	1	2
281~500	20	1	2	2	3
501~1200	32	2	3	3	4
1201~3200	50	3	4	5	6
3201~10000	80	5	6	7	8
10001~35000	125	7	8	10	11
35001~150000	200	10	11	14	15
150001~500000	315	14	15	21	22

表3　一次加严抽验表 件(套)

批量 N	抽验数 n	A 类不合格		B 类不合格	
		Ac	Re	Ac	Re
0~90	20	1	2	2	3
91~150	32	2	3	3	4
151~280	50	3	4	5	6
281~500	80	5	6	7	8
501~1200	125	7	8	10	11
1201~3200	200	10	11	14	15
3201~10000	315	14	15	21	22
10001~35000	500	21	22	21	22
35001~150000	800	21	22	21	22

文件标题	成品最终检验作业指导书		文件编号		
制订部门		生效日期	页数	5/5	版本/次

3.4.2 检验批的构成

应以同一合同在同一条件下加工的同一品种为一检验批

3.4.3 抽验数

见表格

3.4.4 方法

在总数量内随机抽取应抽数量,然后按规格、款式、颜色在样品箱中均匀抽取应抽样品;如规格、款式、颜色超过所抽样数量,则不受抽样数限制

3.4.5 检查

规格检验按所抽样品的10%,但每一规格不得少于3件(套),外观检验依据各类检验标准

3.5 合格批与不合格批的判定

3.5.1 A 类、B 类不合格品数同时小于等于 Ac,则判定为全批合格

3.5.2 A 类、B 类不合格品数同时大于等于 Re,则判定为全批不合格

3.5.3 当 A 类不合格品数大于等于 Re 时,则判定为全批不合格

3.5.4 当 B 类不合格品数大于等于 Re,A 类不合格品数小于 Ac,两类不合格品数相加,如小于两类不合格品 Re 总数,可判定全批合格。如大于等于两类不合格品 Re 总数,则判定全批不合格

3.6 转换规则

3.6.1 无特殊规定,开始一般采用正常检查抽样方案,在特殊情况下,开始可使用加严检查或放宽检查抽样方案

3.6.2 从正常检查到加严检查

使用正常检查抽样连续 5 批中有 2 批不合格应及时转向加严检查抽样

3.6.3 从加严检查到正常检查

加严检查若连续 5 批合格,可转向正常检查抽样

3.6.4 从正常检查到放宽检查

正常检查抽样连续 10 批检查合格,长期质量稳定,可转向放宽检查

3.6.5 放宽检查抽样出现下列情况之一,应转向正常检验

a.放宽检验发现一批检验不合格

b.产品质量不稳定

3.6.6 本作业指导书一次抽样,当判定不合格,经整理后,须重新进行抽样检验

3.7 质量记录

检验人员将抽样情况填写入"成品最终检验报告"

表3-12 ×××家用纺织品有限公司
包装抽检报告

合同号：　　　　　　客户名称：　　　　　　依据：

序号	产品描述	定单数量	包装数量	抽检数量	抽检情况							其他
					箱唛	宣传卡	不干胶	包装袋	折叠方法	条码是否可扫描	装箱情况	

抽检总结				
结论	接受	返工	待确认	备注：

包装车间主任：　　　　　　检验员：　　　　　　日期：

85

表 3－13　×××家用纺织品有限公司
成品最终检验报告

单位名称：　　合同号：　　产品名称：

序号	产品描述	实际规格	订单数量	可供检验数	检验数量	致命问题		主要问题		次要问题		存在问题	绣花	线头	污渍	色差	织疵	缝制	缺陷总数	缺陷最多允许数
						允许数	发现数	允许数	发现数	允许数	发现数									
												致命								
												主要								
												次要								
												致命								
												主要								
												次要								
												致命								
												主要								
												次要								
												致命								
												主要								
												次要								
												致命								
												主要								
												次要								
结论	接受	返工	重检	待确认	验货总结															

供应商：　　检验员：　　日期：

（3）技术岗位责任制：家用纺织品企业要落实各部门技术人员的岗位责任制，明确各岗位的岗位职责，做到责任到部门到小组到员工个人，切实以企业员工岗位生产安全角度出发，制订相关的岗位作业指导书，提高企业技术岗位员工实际操作能力。

2.生产技术文件资料管理的主要职责

（1）负责企业生产技术文件资料的编制，及时更新相关的技术标准。

（2）负责企业生产技术文件资料的保管、存档，整理有序，便于查阅。

（3）负责起草、参与企业生产技术项目的开发与设计。

（4）协调企业内部各部门之间的关系，及时发放相关的生产技术文件资料。

（5）做好生产技术文件的保密工作。

（6）学习相关的业务知识，适应企业发展的用工需求。

（三）生产任务计划通知单的下达

家用纺织品生产企业接到订单后，在大货生产准备投产前，理单跟单人员应及时向生产部门下达生产任务计划通知单。生产部门应在接到生产任务计划通知单后，及时安排各部门进行大货生产，确保大货生产能按时完成，并准时出货。

家用纺织品企业生产任务计划通知单可简称为生产任务下达单。是家用纺织品企业生产中的指令性文件。生产任务计划通知单见表3-14。

表3-14　家用纺织品有限公司生产任务计划通知单

订单号：　　　　　客户名称：　　　　　生产单位：　　　　　内部编号：

产品名称	货号	规格	颜色	数量	交货日期	生产说明
备注						

下单人：　　　　接单人：　　　　执行人：　　　　　　　　　　下单日期：

表中各项内容说明如下：

1.订单号

订单号同客户所使用的订单号，便于家纺企业的理单跟单人员同外贸公司的理单跟单人员联系，在同一个订单合同生产过程中，增加或修改的资料文件都应归入到同一个订单合同资料内。

2. 客户名称

即为买方,下订单的一方。

3. 生产单位

即为本厂生产或外发加工生产。

4. 内部编号

表示企业内部的生产单号,在生产过程中为了区别不同的客户订单编号,把客户的订单号转化为企业内部的生产单号,便于企业内部生产部门之间的沟通。

5. 产品名称

产品的种类名称。

6. 货号

客户对该批次产品的编号。

7. 规格

产品的尺寸,尺寸的表示方法可以用厘米、英寸,在生产过程中根据需要而定,产品的表示方法要统一。

8. 交货日期

要具体明确交货的年、月、日或者写订单数量较大。

9. 备注

可以注明客户的特殊要求或生产过程中需要注意的事项。

10. 下单人

下单人是指企业负责该订单合同的理单跟单人员,理单跟单人员下单后要跟进订单的生产进度。

11. 接单人

一般由生产部经理接单。

12. 执行人

由生产部各车间主任执行。

(四)家用纺织品生产工艺单的编制技术

家用纺织品生产工艺单(简称工艺单)是指导企业生产的工艺技术依据。家用纺织品企业生产工艺单是由企业理单跟单人员根据客户的相关合同资料及客户的修改意见而制订的企业内部工艺文本资料(规模大的家纺企业一般由专门的工艺单编制人员制订生产工艺单),生产工艺单的编制要内容完整、数据准确无误、通俗易懂。

1. 生产工艺单编制的主要内容

家用纺织品生产工艺单编制涉及整个的生产流程,主要的内容包括订单号(合同号)、客户名称、交货日期、数量、工艺流程、面辅料说明、工艺单的具体要求、成品款式图、裁剪排料图、包装要求及面辅料小样。家用纺织品有限公司生产工艺单见表3-15。

表3-15　家用纺织品有限公司生产工艺单

订单号(合同号)：　　　　　　　　客户名称：　　　　　　　　交货日期：

产品名称		货号		产品规格		数量	
工艺流程							

面辅料说明					成品款式图：
名称	代码	颜色	单耗	单位	
					裁剪排料图：
缝制工艺单具体要求：					
					包装要求：
					面辅料小样：

制表人：　　　　　　　审核人：　　　　　　　复核人：
日　期：　　　　　　　日　期：　　　　　　　日　期：

2. 生产工艺单编制的注意事项

(1)为了合理指导企业进行大货生产,生产工艺单的编制要符合实际的生产需要,做到生产工艺单内容必须正确无误、简洁明了,文字表达不清楚时,可用实样来解释或参照。

(2)生产工艺单必须要落实到位,确保各部门都能及时收到,并落实安排生产。

生产工艺单上所附的面辅料小样可以是客户第一次确认的小样,或者是经过客户确认的大货面辅料小样。

(3)客户的书面确认报告是大货生产的依据,在生产过程中如果发现大货面辅料颜色与生产工艺单上所附的面辅料小样颜色不一致时,要立即停止生产报厂部确认。

(4)生产工艺单要说明各道生产工序的质量要求,确保大货生产的质量符合客户的验收标准,或者符合本企业的质量标准。

(五)家用纺织品生产文件资料的审核及签发

根据客户下达的订单合同资料,理单跟单员编制相应的订单生产文件资料。在编制完成后,理单跟单员应及时提交主管或负责人审核,经审核签字后的生产文件资料,提交总经理复核,经过复核签字后的生产文件资料在企业内部即视为生效。

对生产文件资料审核、复核时,要对生产文件资料进行全面的检查,看其是否符合生产的要求、是否有输入错误、技术参数是否错误等。避免造成不必要的经济损失或使交货期延误等。

经过审核、复核签字的生产文件资料,要及时分发到相关的生产部门并由收到该份资料的人回签确认收到,以免造成不必要的损失和误会。

二、家用纺织品生产流程跟单

(一)生产进程中容易出现的质量问题

大货生产过程中容易出现的质量情况都是不可估计的,每个订单的操作都会遇到各种各样的质量问题。通过对纺织品企业产品生产过程中容易出现的质量问题进行分析、归类、总结,发现主要存在以下几个方面的问题,需要及时纠正和改善。

(1)大货面辅料颜色与标准样或客户确认的颜色不一致,有偏差。

(2)大货缝制工艺方法与客户产前确认样有所不同。

(3)大货水洗标、法律标缝制的位置、方向与工艺单资料要求不一致。

(4)大货面辅料与测试样所用的面辅料品质、颜色、手感、色牢度等不一致。

(5)大货产品的尺寸偏差较大,超过允许误差的接受范围。

(6)大货订单款式修改后,所使用的样板还是原来的样板,造成款式不符合修改后的要求。

(7)大货同一套产品内颜色有色差或缸差。

(8)大货同一条产品上颜色有色差或缸差,特别是同一种颜色的面料相拼的产品。

(二)生产进程中各部门之间的协调

沟通是一门艺术,也是人们日常交际必不可少的,沟通交流的结果会直接影响生产的进度、产品的质量、延误交货期等情况的发生,给企业造成一定的经济损失。

家用纺织品企业的生产过程中各部门人员之间要做到及时交流,并沟通相关生产的事宜,确保生产的有序进行,履行各自的岗位职责,确保准确无误地传达订单合同的相关信息。

家用纺织品企业在生产过程中各部门人员之间要团结一致,不要各自从有利于自己岗位的目的出发,应多考虑别人的感受,角色换位思考一下,结合订单合同的实际生产需要,在生产的各个阶段都要及时传达相关资料给相关人员,并要确保相关人员收到资料并明白要求方可。

(三)生产进程中对质量控制的意识

生产进程中的质量控制是每个管理人员都要去完成的,不仅是家用纺织品企业品质管理一个部门的事情,只有整个家用纺织品企业都积极配合,都有质量的意识才能做好质量控制工作,在生产中的每道工序都会认真完成,严格按照要求来生产,最终的成品质量也会有保障。

生产进程中的质量控制意识主要涉及产品的质量、生产的进度、部门之间的调节协作精神。一个企业的文化和质量控制不仅是只停留在口号上,还应体现在员工质量意识的培养和提高。

由于家用纺织品企业是一个劳动密集型产业,相对来说,企业的员工流动性是比较大的。因此,给家用纺织品企业的质量管理带来了一定的难度。家用纺织品企业要加强员工在质量方面、专业技术方面的培训工作。同时,也要改善员工的工作环境和住宿条件,提高员工的薪酬标准和福利待遇,提倡人性化的管理制度的实施,逐步提高员工的质量意识。

三、家用纺织品外观质量检验

(一)外观检验的主要内容

家纺产品外观检验是成品检验的一项重要内容。各类家纺产品的外观检验主要是为了控制半成品、成品的质量,使其符合客户订单的质量和包装要求,不影响产品的外观及使用。

外观检验的主要内容有以下五点:

1. 产品的款式

产品款式、规格是否与订单要求相符。

2. 色差(缸差)

颜色是否与标样、确认样一致。

3. 外观疵点

检验产品外观的布疵、纬斜、破洞及其他缺陷。

4. 缝制质量

产品的缝制工艺要求、辅料缝制的位置是否正确。

5. 后整理包装的质量

产品包装的袋子、箱唛、装箱数量、颜色、宣传卡、不干胶位置等是否正确,产品线头是否处理干净。

(二)检验条件

1. 检验的工具

钢卷尺、钢尺、木尺、比色灯箱、电子秤、原始样品或确认原始布样。

2. 检验的条件

成品需在正常的北向自然光线下或灯下检验,其照明度约750lx(相当于40W日光灯3只),光源与样品距离1~1.2m。

(三)面料疵点检验

1. 色差

目前,家纺企业对面料色差的要求检测指标见表3-16。这里特别要指出的是配套的产品一套内色差不低于4~5级,一条内产品色差不低于5级,同一批次缸差不低于3~4级。

表3-16 面料色差的要求检测指标

检 测 指 标	常 规 指 标 要 求
耐光色牢度/级	≥4
耐洗色牢度/级	变色≥3~4,沾色≥3~4
耐干洗色牢度/级	变色≥3~4,沾色≥3~4
耐汗渍色牢度/级	变色≥3~4,沾色≥3~4

续表

检 测 指 标	常 规 指 标 要 求
耐摩擦色牢度/级	干摩≥4,湿摩≥3
耐溶剂色牢度/级	≥4
耐烟熏色牢度/级	≥4
光照/级	≥4

2. 外观破洞

外观破洞指产品外观有破洞、破边、0.5cm 以上的漏缝,影响产品外观及使用。

(1)条状疵点。沿经向或纬向延伸的宽度超过 0.3cm 及以上的疵点。

(2)线状疵点。沿经向或纬向延伸的宽度不超过 0.3cm 的疵点。

(3)稀密路。沿纬向延伸的稀纬、密路、折痕等造成的横档。

(4)纬移。稀薄织物纬纱移动造成的弯曲不直、经纬不均匀、纬斜。

3. 污渍

(1)影响外观使用的油渍、水渍、霉斑、污渍、锈渍、划粉印。

(2)家用纺织品印花面料由于印花操作不当造成的污渍。

4. 其他

影响产品外观颜色的色纱、油纱和粗纱。

(四)核对辅料文字

家用纺织品辅料文字的核对主要包括水洗标,法律标,织标,箱唛文字、图案,宣传卡上的文字、条形码号码,PP 胶袋上贴的条形码不干胶的文字内容等。同时,对宣传卡和条形码不干胶上的条形码要进行扫描。家用纺织品跟单员在检验过程中可以根据理单跟单员提供的包装资料进行相关内容的核对,确保大货产品中辅料文字的正确性,避免家用纺织品生产型企业在生产时发生水洗标内容错误、箱唛文字印错、宣传卡上的水洗内容与水洗标上的水洗内容不一致、宣传卡上的条形码颜色与条形码号码不一致、宣传卡上的条形码扫描扫不出或者条形码扫出来的数字与宣传卡上的条形码数字不符合的现象产生。

(五)标样与大货面料颜色的对比

对比标样与大货面辅料颜色,主要是为了检验两者颜色偏差是否在允许的范围之内。在评定色差程度时,跟单员可以用目测的方法来检验,标样与大货面辅料布样要放在同一平面上,标样在检验评定者的左方,大货面辅料布样在检验评定者的右方。色差等级根据国家标准规定或客户对色差的要求进行评定。

(六)缝制质量检验

1. 餐桌系列

(1)台布缝制检验的要求。

①使用的缝制线、拷边线要配合台布面料的颜色。

②缝制平整,不能有木耳边或凹凸不平,方台布转角处应为直角。

③圆台布、椭圆台布圆度要圆整,缝制后一定要烫平。

④拼块台布要求拼接处条子、花型对齐。

⑤经编台布锁边的密度为 8~10 针/cm,宽度 0.6cm,烫边一定要用电笔烫,不能烫黄、烫焦、烫变形。

(2)桌巾缝制检验的要求。

①桌巾缝制要平整,双层桌巾四周止口处底布不能外露,缝线要配色,压线平直。

②两头为三角桌巾的缝制两边三角左右要对称,吊穗不容易拉掉。

③双层桌巾,正反面配色的不能有色差。

④单压止口压线为 0.5cm,双压止口压线为 0.1cm,平行再压 0.6cm,单压止口压线要平直,双压止口压线间距要均匀。

(3)餐垫缝制检验的要求。

①餐垫缝制压双线要平直。缝制不能起皱,长方形餐垫转角处应为直角。

②烫衬时要平整,不能有起泡的现象产生。

③底面线要调节好配色,正反不能露另一色线。

(4)餐巾缝制检验的要求。

①餐巾缝制要平整,四角要直角,缝制折边大小要均匀。

②餐巾拷边线颜色要配合面料颜色。

(5)杯垫缝制检验的要求。

①缝纫平整,四角直角。

②缝制止口压线要均匀。

2. 靠垫系列

(1)靠垫缝制检验的要求。

①靠垫里面均要拷边,拷边线颜色要与面料颜色相配。

②靠垫四周有绳边、嵌线滚边等辅料,接头一定要接得美观,且只能接头一次。

③部分靠垫要求原料里面衬一层非织造布(以防止靠垫充入 PP 棉后,使 PP 棉容易钻出),非织造布的质量不能太差。通常非织造布的克重为 $30g/m^2$。

④靠垫绗缝要对花型,左右对称,拼接处要对称、对格、对条。

⑤靠垫上绣花线的颜色要根据原样而定。

⑥靠垫拉链颜色的选择要配合面料颜色,且 3 号、5 号拉链缝制时将拉链覆盖住(拉链外有小襟),拉链两头留 1~1.5cm,且两边要合并,不能分开,靠垫两边留 2.5~3cm,要打倒回针。

(2)充棉靠垫缝制检验的要求。

①充棉靠垫缝制要缝牢,缝制线迹不能有跳针、漏针的现象。

②充棉靠垫充棉要均匀,四角充有棉,特别是封口处。

③腈纶棉应有弹性。

④克重误差允许 ±10g/只。

⑤封口要平整,封口处止口压线 0.1~0.2cm。

(3)椅垫缝制检验的要求。

①充棉椅垫缝制要缝牢,缝制线迹不能有跳针、漏针的现象。

②绑带要缝牢。

③椅垫定位圈要居中,定位圈线迹不能脱线。

④封口要平整,封口处止口压线0.1~0.2cm。

(4)椅子套缝制检验的要求

①椅子套缝制线迹不能有跳针、漏针的现象。

②椅子套褶裥的方向要一致。

③椅子套缝制时一套产品的颜色要一致。

3.窗帘系列

(1)窗帘缝制检验的要求。

①窗帘穿杆位不允许有下公差,允许上公差为0.2cm。压线平直,背面涤/棉布不能露正面,背面涤/棉布离顶部0.6~1cm,两头倒回针要打牢。

②两侧边折边时,调节好底面线,防止两侧尺寸比中间短。

③吊钩的窗帘,要求吊钩的长短、间距必须一致。

④有花型图案的窗帘,花型图案方向必须朝上。

⑤窗帘底部有花边的,要求花边缝制要平整,花边不能散开。

(2)窗帘帘头缝制检验的要求。

①穿杆位同窗帘。

②下摆有弧度窗帘帘头,下摆弧度要均匀。

(3)浴帘缝制检验的要求。

①浴帘打孔有两种,一种锁眼12只,另一种是拷金属圈12个。

②一般针距10~13针/3cm。

③两边第一个锁眼或金属圈距离侧边2.5cm,12个锁眼或金属圈的间距要一致。

④锁眼或铁圈要在同一水平线上,不能有高有低。

⑤锁眼不能漏一个锁眼或多一个锁眼,金属圈不能生锈。

⑥浴帘面料需要做三防处理:防水、防油、防污。

4.床上用品系列

(1)被子缝制检验的要求。

①被子中间一块与两边拼缝一定要配色(色差要求按灰色样卡中5级,4~5级勉强接受),拼缝处不能有针孔外露。

②中间夹层喷胶棉裁剪时四周比面布和底布大8~10cm,将四周面布、喷胶棉、底布一起缝住(缝在缝头上,留出开口,针距约4cm/针),固定面布、喷胶棉、底布的位置,在开口处将被子翻出摊平,四角挖出呈直角,最后留0.1cm止口封口。

③被子定位圈两边对称,不起皱。

④被子底布不能露正面,四周棉要饱满。

⑤被子水洗标、法律标的位置不要缝错。

（2）床单缝制检验的要求。

①四边折边平整。

②针距 12～17 针/3cm。

③一般床单不拼接。

④两边针孔不能外露。

（3）床裙缝制检验的要求。

①床裙裙边一般不能拼接，由于价格关系，客户认可的可以拼接一处。

②床裙一定要对格、对条、对花。

（4）枕套缝制检验的要求。

①四周压线要平直，不能起皱，特别是压边框 5cm 要平行、平直。

②一对枕套不能有色差。

（5）席梦思套缝制检验的要求。

席梦思套折边缝制压线要平直，不能起皱。

（6）披巾缝制检验的要求。

①面布与底布大小一致，千万不能将底布露正面。

②四周压止口平直均匀。

③拷边接头要平整，线头不能外露。

5. 脚垫系列

脚垫缝制检验的要求如下：

（1）绳编脚垫：规格按订单确认，不能有潮湿度，毛头不能外露，绳子头部不能烫黑。

（2）复合橡胶脚垫：反面复合橡胶一般有小方格，不能有花色，形状要方正，四周花型对称，包边接头要平整，本色线缝纫。

（3）帆布底脚垫：烫背面帆布时，整烫要平整，烫牢、烫挺，不能起泡，边框压无工花边时四角呈直角，拼接处里外对齐，注意花型的方向性。

（七）成品各部位疵点及产生原因

成品各部位疵点及产生原因见表 3－17。

表 3－17　成品各部位疵点及产生原因

疵点名称	形　　态	产生原因
窗帘缝制皱	窗帘穿杆位宽度尺寸偏小或产生皱褶	在缝制时，穿杆位上下层缝制错位
餐垫止口外吐	餐垫四周止口底布外吐四周欠平直，四周双压线间距有大小	缝制时上下层未放平整，大小不同，压线时未使用双针车缝制
桌巾缝制不对称	桌巾三角左右不对称，吊穗能拉掉下来	缝制三角时，没有先定位就直接缝制了，缝吊穗时要打倒回针

疵点名称	形　　态	产生原因
椅垫定位圈定位不准确	椅垫定位圈不居中	椅垫定位凭经验感觉造成的,椅垫要先进行定位,再进行定位打圈
浴帘锁眼不好	浴帘锁眼间距不一致,锁眼有高低,锁眼未开到位	浴帘定位时锁眼间距不标准或没有定位就直接锁眼,锁眼机刀片钝了导致锁眼未开到位
浴帘铁圈不好	浴帘铁圈不牢	面料太薄,铁圈机器未调节好
窗帘缝制不好	窗帘两边侧边与中间尺寸有偏差	原料纬斜,裁片质量不好,缝制针距太短,以致两边侧边缩

(八)成品外观缺陷分析

家纺成品的外观疵点(即缺陷)根据其影响产品整体外观、使用性能的轻重程度进行判定,分为轻、重、严重缺陷三大类。成品的外观缺陷分析见表 3 – 18。

表 3 – 18　成品的外观缺陷分析

序号	轻缺陷	重缺陷	严重缺陷
1	颜色轻微偏差	颜色、绣花、印花偏差严重	产品款式、颜色、绣花、印花和确认标样不一致
2	水洗标、法律标、织标字母缝住了或字母缝倒	水洗标、法律标、织标未缝牢	水洗标、法律标、织标内容不正确或未缝
3	尺寸规格稍有偏差	尺寸规格严重偏差	尺寸规格超出公差 50% 及以上
4	影响外观的不良点	严重影响外观使用的不良点,例如:产品有破洞,椅垫绑带不牢,充棉靠垫封口爆破等	影响安全使用的不良点,例如:窗帘含禁用偶氮染料并测试超标,被子未经过验针工序,被子内含有断针现象
5	缝制线迹有轻微不直	缝制线迹有严重不直,皱起	缝制线迹不牢,漏缝 3 处及以上
6	产品有轻微布疵	有严重布疵、色档	布面破洞,经纬纱断裂 1 处及以上
7	产品有轻微污渍、油渍	污渍、油渍严重	污渍、油渍超过产品面积的 30% 及以上
8	一件产品上有 1 处浮线或 1 处跳针	一件产品上有 2～3 处浮线或跳针	一件产品上有 3 处以上浮线或跳针
9	一件产品上有 1～2 根线头	一件产品上有 3 根线头判定为一个重缺陷	一件产品上线头超过 3 个则判定为 1 个严重缺陷
10	纸箱质量规格未按客户要求订购,封箱	箱唛文字漏印,箱唛图案漏印	箱唛文字、图案、位置印错
11	宣传卡、PVC 袋、SKN 不干胶贴纸、价格标贴纸贴错	宣传卡、PVC 袋、SKN 不干胶贴纸、价格标贴纸严重贴错	宣传卡、PVC 袋、不干胶贴纸、价格标贴纸漏贴
12	整烫有轻微发黄,产品轻微皱	整烫严重泛黄,产品皱明显	未整烫

续表

序号	轻缺陷	重缺陷	严重缺陷
13	原料克重有轻微偏差	原料克重有严重偏差	原料克重偏差≥5%
14	靠垫充棉克重轻微不足	靠垫充棉克重严重不足	靠垫充棉克重偏差为 ±5%,PP棉的质量饱满度不好
15	倒顺毛,对条、对格有轻微不符合	倒顺毛、对条对格严重不符合	倒顺毛缝错,对条对格错位
16	一箱内产品颜色稍有偏差	箱内产品数量、颜色、尺寸规格与箱唛严重不符合	箱内产品数量、颜色、尺寸规格与箱唛不一致

【任务3-1】 家用纺织品后整理及包装

【任务要求】

请分析说明家用纺织品成品后整理及包装的要求。

一、成品后整理的内容

家纺成品后整理是生产中的后道工序,其主要内容包括熨烫、污渍处理、锁眼、钉纽扣、验针等。

1. 熨烫

熨烫可使成品更加平整、美观,成品熨烫完成后需要检验熨烫的质量是否合格,熨烫检验要求成品无烫黄、烫焦、烫破、极光、污迹等现象。

2. 污渍处理

常见的污渍主要有油渍、水渍、血渍、划粉渍等。

3. 锁眼、钉纽扣

锁眼一般浴帘产品比较常见,被套上也有锁眼。常见的需要钉纽扣的产品有椅垫、靠垫、窗帘、窗帘头子。

4. 验针

验针主要是为了检验成品中是否残留断针。

二、成品包装

(一)包装形式及分类

家纺成品包装有利于产品的运输,方便储存,便于产品的销售。经过包装的家纺成品才能进入市场流通和销售领域。包装是保护成品在运输、流通过程中质量不受影响、数量完好的主要措施,家纺企业也越来越重视包装的质量和成本控制,并将包装作为树立企业形象的手段之一。

1. 包装的形式

家用纺织品成品包装主要有五种形式：PVC 袋子、纸盒、纸箱、真空包装、立体包装。

2. 包装的分类

家用纺织品成品包装根据不同的目的可分为不同的类别。

（1）按包装的用途分类：包括销售包装、工业包装、特种包装三种。销售包装是以销售为主要目的的包装，它起着直接保护商品的作用。工业包装是将大量的包装件用保护性能好的材料（纸盒、木板、泡沫、塑料等）进行大体积包装。特种包装属于保护性包装，其材料的构成须由运送和接收单位共同商定，并有专门文件加以说明。

（2）按包装的层次分类：包括内包装和外包装两种。内包装也称小包装或直接包装，通常是指将若干件家用纺织品组成最小包装整体。内包装主要是为了加强对商品的保护，便于再组装，同时也是为了在调拨、销售商品时便于计量。

外包装也称大包装或运输包装，是指商品的销售包装或内包装外面再增加一层包装。外包装主要是为了保证商品在流通过程中的安全，便于装卸、运输、仓储。家用纺织品成品最常见的外包装材料是纸箱，纸箱具有一定的叠码承受能力，耐磨损，便于交接时能快速清点货物。

（二）包装材料及包装规格

1. 包装材料

家纺成品包装所选用的材料主要有纸盒包装，塑料 PVC 袋子包装。家用纺织品成品纸盒包装运用最多的就是配套产品的组合套装（如被套、枕套、床单、床罩组合套装）。纸盒包装的产品一般可以直接用以销售，纸盒上会印有与盒内产品相符合的宣传图片及文字说明资料，使消费者在不打开纸盒的情况下就知道纸盒内所装产品的名称、颜色、成分、产地、产品图案等信息。塑料 PVC 袋子具有轻薄、透明度良好等优点，被广泛做成各种包装袋（如拉链 PVC 袋子、纽扣 PVC 袋子等）。

2. 包装规格

一般情况下，包装规格根据客户订单中包装资料的要求而定。包装的规格检验主要包括内包装和外包装的规格尺寸、颜色、数量是否符合要求。

（三）包装辅料质量检验

家用纺织品包装辅料主要有 PP 袋子、PVC 袋子、衬板、纸箱、水洗标、法律标、织标、吊牌、条形码、不干胶、打包带、封箱胶带等。所有的包装辅料入库前都要进行检验，检验的方式有抽检和全检两种。一般包装辅料数量比较多的采用抽检的方法，包装辅料数量少的则要求进行全检。包装辅料的检验结果要填写在包装辅料质量检验报告中。包装辅料质量检验报告见表 3－19。

表 3 – 19 包装辅料质量检验报告

供货单位：　　　　　　　　　　送货日期：　　　　　　　　　　所用订单号：

序号	产品名称	要求交货日期	订单数量	送货数量	外观质量	文字图案情况	规格尺寸	抽检数量	备注(是否接受)
1									
2									
3									
4									
5									
6									
7									
结论									

检验员：　　　　　　　　　　　　　　　　　　　　　　　　日期：

(四)包装装箱分配方法

家纺产品常规的包装装箱分配方法有以下四种：

1. 单色单码装箱

即相同颜色、同一规格尺寸的产品进行装箱。

2. 单色混码装箱

即相同颜色、不同规格尺寸的产品按一定的比例搭配进行装箱。

3. 混色单码装箱

即同一规格尺寸,两种颜色以上(包括两种)的产品按一定的比例搭配装箱。

4. 混色混码装箱

即不同颜色、不同规格尺寸的产品按一定的比例搭配装箱。

(五)包装成箱质量检验

包装成箱质量检验主要是检查成箱内的产品颜色、数量、尺寸规格是否符合客户的装箱要求。包装成箱质量检验步骤如下：

(1)清点包装成箱的纸箱数量,看是否全部成箱。

(2)任意抽取一定比例数量的纸箱。

(3)对抽取的纸箱要做好标记,以防止纸箱被工厂调换。

(4)核对箱唛文字、图案,看纸箱封箱情况是否完好,并进行纸箱落体试验。

(5)开箱核对箱内产品的颜色、数量、尺寸是否与箱唛上的颜色、数量、尺寸相一致,防止箱内产品数量多装或少装及尺寸装错等现象发生。

(6)检查箱内产品的外观质量。

(7)记录所有检验的箱号和检验过程中存在的问题,并要求供应商改正检验中发现的问题。

(六)出口包装箱的质量要求

在家用纺织品跟单过程中,经常会遇到客户收到货后因纸箱质量问题而导致的投诉、索赔事件,家用纺织品企业应加以重视,特别是客户有特殊要求的纸箱,如有钉箱、无钉箱、"工"字形封箱、"王"字形封箱等。出口包装箱的质量要求有以下几点:

(1)纸箱保持干燥、清洁、牢固,适合长途运输。

(2)纸箱箱唛文字、图案印刷清晰正确。

(3)纸箱封口时应衬垫一块纸质衬板,以防开箱时利器割破箱内成品。

(4)纸箱高度合适,不可以出现"空箱"未装满或产品高度超出纸箱高度的现象。

(5)包装带要正且松紧适宜,包装带不能太紧,以免纸箱破损。

(6)箱底、箱盖封口严密、牢固。封箱胶带要贴正,两侧下垂8～10cm,以防纸箱爆开。

(7)纸箱必须做纸箱落体试验,即将装有货物的纸箱从规定的高度做自由落体运动后,查看纸箱中的货物及包装是否完好无损。纸箱落体试验规定的高度与被测试的纸箱毛重有关,纸箱落体试验规定见表3－20。

表3－20　纸箱落体试验规定表

纸箱毛重 W/kg	纸箱落体规定高度/cm
$W \geqslant 9.5$	76
$9.5 < W \leqslant 18.6$	61
$18.6 < W \leqslant 27.7$	46
$27.8 < W \leqslant 45.5$	31

【任务3－2】　家用纺织品成品质量检验

【任务要求】

请分析说明家用纺织品成品质量检验,主要从哪几个方面来控制成品的质量?

目前,在激烈的市场竞争中,竞争的就是质量。从家用纺织品企业的实际情况出发,面辅料是产品质量的前提,缝制是产品质量的基本保证。缝制过程的质量控制就是最基础的质量保障,缝制的好坏直接影响产品的外观和使用性能和销售。面对当前家用纺织品企业员工流动性大、技术参差不齐,使家用纺织品企业生产的产品质量控制面临困难。因此,主要可以从以下几个方面加以质量控制及管理。

一、缝制

(一)缝制工艺的控制

家用纺织品企业,在大货生产时,需要根据已经确认的首件确认样制订缝制工艺,每个产品都要进行缝制工艺的分析。制订统一的缝制步骤。包括缝纫线、辅料、内缝、折边宽度、止口线宽度、允许的误差范围,都要有明确的工艺标准。

家用纺织品企业在制订工艺单时,要因产品而异。在缝制时,缝纫线一定要和产品的颜色一致,所有产品工艺要求都要说明清楚,有些表达不清楚的地方,可以附上实样参考,便于缝制车间每个员工都能看懂。

家用纺织品产品在缝制时,水洗标、法律标位置要按照订单要求进行缝制,避免出现成品缝制的水洗标、法律标位置方向不一致。

家用纺织品产品因款式、面料门幅、缝制工艺等要求的原因,在缝制时要注意裁片的色差。

(二)缝制缝份的控制

缝制缝份的宽窄不一致对产品有两个方面的影响。

(1)家用纺织品产品的尺寸不稳定,有长有短。

(2)家用纺织品产品的外观不美观。

缝制的缝份宽窄要一致,缝份压线要顺直。缝制缝份的宽窄不一致,导致窗帘、浴帘等产品折边宽窄不一致。缝份过大产品容易毛出来,折边不平直。餐巾、方台布等产品四角不方正、边角外露,影响美观。

(三)缝制针距的控制

缝制针距的控制是保证产品外观质量的一个重要环节。针距的长短不仅影响产品的外观,而且对产品的质量也起到至关重要的作用。所以应严格按照工艺单上的针距要求来进行调节。

缝制工艺质量的控制直接影响某批次大货订单的整体质量水平,很多家用纺织品企业往往疏忽缝制工艺生产过程中的质量管理及控制,只重视最终的成品质量检验环节,导致中期、终期(尾期)验货由于缝制不良产品较多、缝制工艺出错而出现返工、客户拒收,客户要求打折的情况发生。

二、成品外箱的管理

家用纺织品企业成品外箱的管理主要是对包装成箱质量的检验,检查成箱内的产品颜色、数量、尺寸规格是否符合客户的装箱要求。包装成箱质量检验有以下的步骤:

(1)清点包装成箱的纸箱数量。

(2)核对箱唛文字,图案,纸箱质量情况。

(3)核对箱内产品的颜色、数量、尺寸是否与箱唛上的颜色、数量、尺寸相一致。

三、成品包装的管理

家用纺织品企业成品包装主要是包装资料方面的核对和检验,例如包装胶袋、外箱箱唛、包装数量,一箱内的颜色是否有色差,数量、混装的数量搭配比例情况的核对,挂牌、洗标内容的核对,条形码扫描等包装材料及内容方面的检验。

家用纺织品企业成品包装主要是包装成品完成全部出货后,产品的质量不要被客户投诉,家用纺织品企业成品包装材料要符合相关行业标准。

☞ 习题

一、单项选择题

1. 对大货生产过程中的半成品进行跟单,称为(　　　)。

A. 前期跟单　　　　B. 中期跟单　　　　C. 后期跟单　　　　D. 巡检跟单

2. 大货出运前,家用纺织品理单员寄送给客户的样品,称为(　　　)。

A. 产前样　　　B. 大货样　　　C. 船样　　　D. 客户原样

3. 中期检验发现一条窗帘上污渍很多,这种问题属于(　　　)。

A. 外观质量　　　B. 内在质量　　　C. 无关紧要　　　D. 影响销售

4. 家用纺织品生产技术工艺单编制时,产品的效果图不包括(　　　)。

A. 正面　　　B. 背面　　　C. 重点部位　　　D. 侧面

5. 中期跟单过程中,半成品外观质量检验不包括(　　　)。

A. 外观平整度　　　B. 跳针　　　C. 污渍　　　D. 光照色牢度

二、名词解释

1. 什么是生产工艺文件?

2. 什么是缝制工艺单?

3. 什么是船样?

4. 整烫是指什么?

5. 什么是包装技术?

三、问答题

1. 家用纺织品外观质量检验有哪些内容?

2. 家用纺织品中期跟单的主要工作流程及主要事项有哪些?

3. 请编制一份家用纺织品中期验货报告。

4. 请阐述家用纺织品产品的包装要求及方法。

5. 家用纺织品成品质量检验有哪些项目?在实际的跟单过程中是如何操作的?

情境4　家用纺织品理单跟单后期跟单

学习要点

　　了解家用纺织品理单跟单后期跟单的工作流程,熟悉并掌握家用纺织品理单跟单后期跟单业务操作流程及规范的程序步骤。

学习难点

　　1.家用纺织品理单跟单后期跟单的工作流程是什么?

　　2.家用纺织品理单跟单后期验货流程是什么?

项目4-1　家用纺织品后期跟单

　　本项目着重介绍了家用纺织品后期跟单的相关知识,确保家用纺织品企业在订单生产完成期,产品的质量能达到客户的要求,符合客户后期对产品的质量检验验收标准,确保按时交货。

项目4-2　订单完成期的付运与结算跟单

　　本项目介绍了家用纺织品企业,订单完成期货物的出运及货款的结算跟进工作。着重讲述了家用纺织品企业货物出运的流程,货款结算跟进的流程,以及客户对产品质量问题进行投诉、索赔等情况的处理。

【知识准备】

一、后期检验抽样方案的制订(AQL)

(一)AQL 查检

　　AQL 是 Average Quality Level 的缩写,即平均质量水平,它是检验的一个参数,不是标准。家纺产品的检验采用一次抽样方案,批量的合格平均质量水平(AQL)为 2.5,检查水平为一般正常检查水平。验货时按每一批订单总的数量,随机合理地抽取相应的检查数量进行检验,检验出产品的合格数量与不合格数量,并作出是否可以接受该批订单的结论。AQL 抽样方案见表 4-1。如某家纺企业生产完成 2200 条窗帘,跟单需要对这批次产品进行抽检并判断该批次产品是否合格。首先,跟单员应从 Lot size 中找到 1201～3200 一栏,Sample size 一栏横向对应的是 50,AQL 2.5,Ac 3,Re 5。其次,跟单员抽取 50 条窗帘进行质量检验,如果检验结果产品不合格数量≤3,则判定接受该批次产品;如果检验结果产品不合格数量≥5,则判定不接受该批次产品,以此类推。

表4－1　AQL 抽样方案

产品总数量	样品抽验数量	AQL 2.5		AQL 4.0		AQL 6.5	
Lot Size	Sample Size	Ac	Re	Ac	Re	Ac	Re
1～8	2	0	1	0	1	0	1
9～15	2	0	1	0	1	0	1
16～25	3	0	1	0	1	0	1
26～50	5	0	1	0	1	1	2
51～90	5	0	1	0	1	1	2
91～150	8	0	1	0	2	1	2
151～280	13	1	2	1	2	2	3
281～500	20	1	2	1	3	3	4
501～1200	32	2	3	2	4	5	6
1201～3200	50	3	5	3	6	7	8
3201～10000	80	5	7	5	8	10	11
10001～35000	125	7	10	7	11	14	15
35001～150000	200	10	11	10	15	21	22
150001～500000	315	14	15	14	22	21	22
500001 以上	500	21	22	21	22	21	22

注　Ac—能接受的水平,Re—不能接受的水平。

(二)评判标准

AQL 是产品最大的疵点积分数,它是根据抽样检查后,达到合格判定数 Ac(件),认为此家纺成品批量(件)平均加工水平为满意。达到不合格判定数 Re(件),认为此家纺成品批量(件)平均加工水平为不能接受的水平。以下为检查过程中评分的记分标准:

1. 一般疵点

从订单的规格和质量标准出发,没有达到产品的性能,影响成品的外观和内在质量,返修能消除疵点对成品的外观和内在质量的影响。在此疵点基础上进行返修的成品生产工厂,出货前一定要做 100% 的再检查,检查者可以限定检查的特定规格、颜色、尺寸等。3 个一般疵点折算为 1 个严重疵点。

2. 严重疵点

如破损、污渍、破洞、关键尺寸点(如窗帘穿杆位偏小穿杆穿不进)严重疵点、严重影响成品的外观质量。当消费者购买时,看到这类疵点不会再购买此产品,或者这类疵点将导致消费者的投诉。发现一个严重疵点,则判定此产品不合格或不可接受。

二、后期物料的跟催(表单的设计)

家用纺织品大货生产后期经常会遇到大货生产未全部生产完的情况。原因主要有以下几个方面:

(1)大货生产进度安排不合理。

(2)大货生产到最后包装阶段发现包装辅料(如纸箱、衬板、PVC 袋、宣传卡、不干胶)未及时到位。

(3)由于成品检验不仔细,包装过程中发现产品需要返修或报废,应重新补片制作。

(4)大货后期检验发现产品存在质量问题或包装出错,跟单人员提出返工要求。

由此可见,家用纺织品后期物料的跟催有利于按时完成生产任务,在大货生产进程中要对所有物料清点入库,及时同相关人员核对、沟通,减少不必要的经济损失。家用纺织品后期物料跟催见表 4 - 2。

表 4 - 2　家用纺织品后期物料跟催表

客户订单号:　　产品名称:　　订单数量:　　工厂内部订单号:　　交货日期:

	计划用料数	损耗	单耗	实际入库数	库存	结余	备注
辅　料							
水洗标							
PVC 袋							
宣传卡							
不干胶条形码							
小吊卡							
纸　箱							
衬　板							
防盗标							
法律标							

制表人:　　　　　　　　　　　　　　　　　　审核人:

制表日期:　　　　　　　　　　　　　　　　　审核日期:

三、后期跟单的主要内容

家用纺织品后期跟单又称尾期 QC 验货,指所有成品按订单的要求完成后成箱率达到 100% ,由跟单员对大货产品进行成箱抽样检验,具体的检查内容如下。

(一)核对订单数量

1. 清点装箱数量

为了方便清点成箱产品的装箱数量,可以要求工厂每个订单的所有成品全部成箱后,按产品的颜色、规格、产品的种类进行分类后堆放在仓库,并且在每堆成箱产品前用指示牌注明该堆成箱产品的订单号、规格、颜色、产品名称、数量。箱号统一朝正前方,并且每堆产品之间要留有 50~60cm 的距离,以方便进入抽箱或清点箱数。以防止工厂因来不及进行包装,为了应付后期验货,前面外围的一排都是装有产品的箱子,里面的是空箱甚至是其他产品的箱子,冒充成箱率达到 100% 的情况,或者搞几箱精品箱用来验货以达到通过后期验货的目的。

2. 查看成箱内数量

查看成箱内的数量主要是为了防止成箱内所装的产品多装或少装,如遇混装时应查看箱内的装箱比例是否有误,箱内的装箱数量与箱唛的数量是否一致等。

(二)检验成品质量

跟单员要全面检查成品质量,包括产品的颜色、缝制工艺的质量、包装的要求等是否符合订单的要求。成品的质量检验一定要仔细、认真。

四、后期验货报告的填制

家用纺织品后期验货报告主要是客观公正地反映后期跟单检验中存在的产品及包装质量问题,依据检验的结果(存在质量缺陷的多少),判断是否同意接受该批次大货生产的产品或者要求工厂就某些问题进行整改,并出具后期验货报告(表4-3)。

家用纺织品后期验货报告填写应注意的事项如下:

(1)跟单员要有较强的专业技能,善于发现后期验货产品中存在的质量问题并如实记录。

(2)跟单员应核实生产进度状况,例如缝制、包装的完成百分率。

(3)跟单员在填写结论时要慎重,根据存在问题的缺陷数值进行判定该批次产品是否可以接受或返工不接受。

(4)跟单员对后期验货报告要做好登记留存的工作,以备查用。

(5)跟单员对大货后期验货报告中存在的质量问题要分析原因,做好纠正及预防的措施,告诉工厂在以后的生产中要避免类似的问题再次发生。

表4－3 家用纺织品有限公司

后 期 验 货 报 告

名　　称:_____　　　　订 单 号:_____　　　　产品名称:_____　　　　客户:_____

出货日期:_____　　　　出货数量:_____　　　　包装完成:_____

规　　格:_____　　　　原料成分:_____　　　　终　　检:_____

	包装检查					疵点描述			
	内　容	正确	错误			内　容	致命	主要	次要
1	箱唛				1	实际长度			
2	宣传卡				2	实际宽度			
3	水洗标				3	缝制不好			
4	法律标				4	浮线			
5	织标				5	断线			
6	防盗标				6	跳针			
7	折叠方法				7	针距偏长			
8	条形码扫描				8	穿杆位不好			
9	包装袋				9	定位不居中			
10	纸箱质量				10	绑带不牢			
11	装箱情况				11	充棉不均匀			
					12	棉不足			
	面、辅料情况				13	封口不平			
	内　容	致命	主要	次要	14	包纽不牢			
1	颜色				15	四角没棉			
2	料疵				16	锁眼不好			
3	油渍、污渍				17	眼孔未开			
4	破洞				18	锁眼高低			
5	手感				19	吊钩长短			
6	针孔眼				20	吊钩间隔不一致			
7	纬斜				21	起皱			
8	勾丝				22	辅料未缝牢			
9	粗纱				23	针孔外露			
10	防水效果				24	线头、毛头			
11	克重				25	胶水印			
12	原料褪色				26	划粉痕			
13	辅料褪色								
14	印花错位								
15	白点、黑点								
16	绣花错位								
17	漏绣								

内装量:_____　　装箱数:_____

抽验数:_____　致命问题:_____　主要问题:_____　次要问题:_____

验货总结:_____

_____

_____

结论:同意出货 □　不准出货 □　返工 □　待确认 □　担保出货□

厂方签署:_____　检验员签署:_____　日期:_____

备注:本报告仅为抽检报告,如有质量问题,客户有最终索赔权。

五、家用纺织品进出口贸易的基本知识

(一)进出口贸易的基本业务流程

1. 出口货物贸易的程序

(1)交易前的准备工作阶段。

①进行国际市场调研。国际市场调研包括对进出口国别地区的调研、对商品市场的调研和对客户的调研,其目的是做到知己知彼,掌握主动。

②制订出口商品的经营方案或价格方案。出口商品的经营方案是指出口企业根据国家的方针政策和自己的经营意图对出口商品在一定时期内所作的全面业务安排。其目的是实现企业的预期目标。而价格方案的内容比较简单,局限于成本核算与出口定价方面,适用于新的小商品。

③落实货源、制订出口商品的生产计划。在制订出口商品经营方案的同时或者前后,应根据不同商品的情况和特点,按照经营方案的要求,及时与生产、供货部门落实货源、安排调运或制订出口商品生产计划。

④广告宣传。广告宣传应有计划、有目标。广告宣传的内容及采用的宣传方式要针对不同的市场和商品特点,做到有的放矢。其目的是向国外客户和消费者介绍我国的出口商品。

⑤对外建立业务关系。这是正式开展业务的重要步骤,是能否达成交易的基础。应选择资信情况良好、经营能力较强和政治上与我方友好的客户建立业务关系。

(2)交易的洽谈与合同的订立阶段。交易的洽谈一般经过询盘、发盘、还盘、接受的过程,最后达成一致意见后签订合同。在这个过程中,发盘和接受是两个不可缺少的环节。合同的内容包括以下四个方面。

①合同的标的。包括买卖货物的品名、品质、数量和包装等。

②价格。包括货物的单价、总金额。

③卖方义务。卖方的义务有三个方面内容:交付货物,移交一切与货物有关的单据,转移货物所有权。具体包括交货的时间、地点、方式、提交单据的种类和份数等。

④买方义务。买方义务有两个方面的内容:支付价款,收取货物。具体包括货款支付的时间、地点、方式、币别和派船时间等。

(3)合同交易程序。合同交易程序的繁简取决于所使用的贸易术语和付款方式等。以 CIF 条件成交,信用证方式付款为例,出口合同的履行要经过以下几个环节:

①备货。根据合同规定按时、按质、按量准备好货物。

②催证、审证和改证。在信用证付款条件下,应向客户催开信用证,收到信用证后要立即根据合同进行审核,发现不符合合同规定且不能接受的内容,应立即通知客户改证。

③安排装运船。出运货物应经过租船订舱、办理保险、报验、报关等程序。经海关检查验收放行后将货物装船出运并取得运输单据。

④制单结汇。货物出运后,制好、备妥各种单据,向有关银行交单,收取货款。

2.进口货物贸易的程序

（1）交易前的准备工作阶段。

①制订进口商品经营方案或价格方案。做好这一准备工作的目的是在对外洽谈交易和采购商品时,能做到心中有数,避免盲目性。

②进行市场调研。在对国外市场及外商的各种情况进行调查研究的基础上,货比三家,选择理想的进口商品和贸易伙伴。

③申请进口许可证。根据我国规定,对于许可证管理的商品,须取得进口配额,之后再向指定的发证机关申领进口许可证。

（2）交易的洽谈和合同的订立阶段。货物进口贸易的交易磋商和合同签订工作在做法上与货物出口贸易基本相同,应该引起重视的是进口时应特别做好比价工作,以便争取到最为有利的交易条件。进口交易达成后,应该签署书面合同,以便日后工作的顺利进行。

（3）进口合同的履行阶段。进口合同履行程序的繁简也取决于使用的贸易术语和付款方式等。以 FOB 条件成交,信用证方式付款为例,进口合同的履行要经过以下几个环节:

①申请开立信用证。在国际货物贸易中,使用信用证方式支付,买方应在货物装运出口前向卖方开出信用证。

②接运货物。在接运货物过程中,要经过租船订舱、催装、办理保险、付款、赎单、接卸货物、报验、报关等环节。

③提取货物或拨交货物。

以上是货物进出口的一般程序,实际业务中有可能出现争议与索赔等问题,这就必须本着实事求是的原则,按合同规定,认真处理,以维护企业的声誉。

（二）进出口贸易的方式

贸易方式是指买卖双方在进行贸易时所采取的具体方式。在家用纺织品国际贸易中,目前比较常见的贸易方式有经销、代理、加工贸易等。

1.经销

在国际贸易中经销是指经销商与供应商达成书面协议,在规定的期限或地域范围内购销指定的商品的一种贸易方式。经销商与供应商之间也是买卖关系,经销商必须先自付资金购买供应商的货物,自行销售,自负盈亏。

2.代理

代理是指代理人按照委托人的授权在相关期限或地域范围内代表委托人推销商品、签订合同或办理相关交易事宜。代理人和委托人不是买卖关系,委托人向代理人支付佣金作为报酬。

3.加工贸易

加工贸易主要包括来料加工和进料加工两类。

（1）来料加工贸易是指由国外客户提供全部或部分原材料、辅料和包装物料,必要时还提供设备,由国内供应商或生产型企业按照国外客户的要求进行生产加工,国外客户自行负责成品在境外市场的销售,并且双方按约定的价格条件支付相关费用,供应商一般收取工缴加工费,利润空间相对比较狭小。如果外商提供的作价设备,供应商可以用工缴加工费偿还,一般供应商对外商提供设备时,对下订单的交易方式会慎重考虑。

（2）进料加工是指外贸公司或生产型企业根据国际市场客户的需求,或者自己开发设计的产品得到客户的确认订单意向,通过进口采购订单产品所需的面辅料,加工成成品销往国外市场,从中赚取进口面辅料和成品销售价格之间的差价。

（三）进出口贸易合同的执行

1. 出口合同的执行

我国家用纺织品贸易公司对外签订的出口合同,大多数按 FOB、CFR、CIF 价成交,并按信用证方式收款,在执行这类合同时,一般包括:备货、催证、审证、改证、租船订舱、报关、报验、保险、装船、制单结汇等环节。这些环节中,货（备货）、证（催证、审证、改证）、船（租船订舱）、款（制单结汇）四个环节的工作最为重要。只有做好每个环节的工作,使其环环紧扣,井然有序,才能提高出口合同的履约率。

2. 进口合同的执行

进口合同依法成立后,对进出口双方都有法律约束力,双方都必须履行合同规定的义务。进口方要坚持“重合同、守信用”的原则,圆满完成进口任务。同时,也要督促对方按合同规定履行交货义务,防止拖延履约和毁约情况的发生。大多数情况下,家用纺织品贸易公司出口方都是按 FOB 条件对外签订进口合同,支付方式多为即期信用证,在履行这类合同时,进口方一般要做好开立信用证、租船订舱、装运、办理保险、审单付款、接货报关、检验等环节的工作,这些都需要进出口双方有关部门密切合作,共同完成。

（四）进出口贸易的索赔

1. 出口贸易中的索赔

在出口合同的履行中,出口方可能遇上进口方不履行合同规定的义务,如不如期开证、拒不支付货款等,致使出口方遭受损失,出口方可以根据不同对象、不同原因以及损失大小,实事求是地向进口方提出索赔,尽可能降低损失。

大多数情况下,出口合同不能顺利地履行往往是因为出口方所交货物与合同规定不符导致的。这样进口方即使已经支付了货款,仍然可以向出口方提出索赔要求,尤其是在进口方享有复验权的情况下。

出口方在处理索赔时,应注意以下几点:

（1）要认真细致地审核进口方提出的单证和出证机构的合法性,以防进口方串通检验机构弄虚作假。

（2）要一一核对检验的标准和检验方法,防止国外检验机构的检验出现差错。

（3）要认真做好调查研究,弄清事实,分清责任。如果属于船公司或保险公司的责任,交由进口方自己处理;如果确系出口方责任,应实事求是地理赔。

（4）要合理确定损失程度、金额和赔付的办法。对于不合理的索赔要求,必须根据可靠的证据,以理拒绝。

2. 进口贸易中的索赔

进口方收到货物后,经常会发现一些与合同规定不完全相符的情况,这就需要向有关方面进行索赔。

（1）索赔对象。

①出口方。凡属于下列情况者,都可以向出口方索赔:货物原装数量不足,品质规格与合同规定不符,包装不良致使货物受损,未按时交货或拒不交货等。

②船方。凡属于下列情况者,均可向船方索赔:货物短卸,残损属于船方过失所致等。

③保险公司。凡属于下列情况者,均可向保险公司索赔:由于自然灾害、意外事故或运输途中其他事故的发生致使货物受损,并且属于承保责任范围内的;凡船方不予赔偿或赔偿金额不足抵补损失的部分,且属于承保责任范围内的。

（2）索赔时应注意的问题。

①索赔期限:按《联合国国际货物销售合同公约》规定,如买卖合同中没有规定索赔期限,而到货检验中又不易发现货物缺损的,则买方行使索赔权的最长限是自其实际收到货物起不超过两年;按我国合同法规定,自当事人知道或应当知道其权利受到侵犯之日起四年为限。

向船公司索赔期限为货物到达目的港交货后一年之内;向保险公司索赔的期限为被保险货物在卸货港全部卸离海轮两年内。

逾期索赔,出口方有权不受理。如果商检工作可能需要更长时间,可向对方要求延长索赔期限。

②索赔证据:首先应填制"索赔清单",随附商检机构签发的检验证书、发票、装箱单、提单副本等。

其次,对不同索赔对象还另附有关文件。向出口方索赔时,应在索赔证件中提出确切根据和理由,FOB 或 CFR 条件下,还须附保险单一份;向船方索赔时,须随附船长及港方签证的理货报告和船长签证的短卸或残损证明;向保险公司索赔时,须随附保险公司与进口方的联合检验报告等。

③索赔金额:除受损货物价值外,有关费用也可提出。如商品检验费、装卸费、银行手续费、包租利息等,都可包含在内。

④出口方违约的补救:如出口方未按合同规定交付货物或出口方所交货物的品质、数量、包装不符,按合同的规定,出口方应根据不同的违约情况,承担不同的法律责任。除进口方表示拒收货物并要求损害赔偿外,进口方还可以要求出口方采取补救方法:如货物不符,合同已构成根本性违约,进口方可以要求出口方交付替代货物;除此之外,进口方可要求出口方对货物进行修理或者要求降价;也可以规定一段合理的额外时限,让出口方继续履行其义务等。

总之,索赔处理是一项比较复杂的工作,为此,要做好进出口货物的索赔工作,不仅要有维护国家和企业权益的高度责任心,要熟悉国际惯例和有关的法律规定,还需要进出口方、外运机构、商检机构等各有关单位的密切配合。

六、订单完成期跟单工作的基本内容
（一）编制货物出运单据（商检、单证、报关）
在产品的完成阶段,家用纺织品理单跟单员要及时同工厂的相关负责人员联系,确认工厂货物的具体生产进度、预计货物完成时间和出货时间、订单货物的具体装箱清单等事项,工厂负责人员应以传真或发邮件的形式向理单跟单员提供完整的货物出运装箱清单,便于理单跟单员能提前安排货物出运的相关工作。家用纺织品货物出运流程见图4-1。

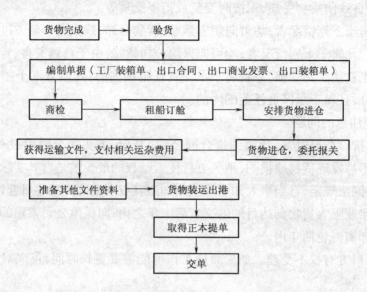

图4-1　家用纺织品货物出运流程图

1. 商检

商检检验证书是由商检机构签发的,是证明检验结果的书面文件资料。商检检验证书在国际贸易中是买卖双方货物交接、货款结算等的有效凭证。我国商检机构签发的检验证书主要内容包括:证明有关品质、规格、重量、数量、包装情况。

2. 单证

家用纺织品货物完成期单证单据的制作是保证货物顺利、安全到达客户手中的证明,同时也是保证收汇安全的前提。家用纺织品单证单据必须根据信用证条款的规定编制,要做到单据完整准确,每个订单的单证单据都要严格审核,同时这些单证单据都要与信用证的要求一致。以信用证作为支付形式的常见单证有货物出运装箱明细表、货物出运商业发票、货物出运相关运输费用证明、运输公司出具的资质证明。

3. 报关

报关工作分为三个阶段:申报、查验和放行。

家用纺织品报关是指进出口货物的收、发货人或其代理人在货物进出口时,在海关规定的期限内,按海关规定的格式填写进出口货物报关单,同时还要提供有关的货运、商业单据、批准货物进出口的证件,请求办理查验放行手续。家用纺织品报关流程见图4-2。

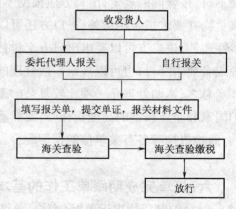

图4-2　家用纺织品报关流程图

(二)货物运输

货物运输是订单完成期跟单工作的内容之一,这期间主要负责在国内将货物运输到指定交货仓库,外贸公司向国际货运公司提交相关委托代理货物出运的相关事宜。根据运输的交通工具可以分为公路运输、快件运输、海洋运输、航空运输、铁路运输。

1. 公路运输

公路运输通常情况下指国内运输,供应商把完成的合格产品送到买方的指定仓库或交货地点。公路运输的特点是灵活方便,可以实现集装箱"门到门"装柜的服务,也可以凭进仓通知单把货物送到指定仓库进仓。一般情况下,根据货物的立方数量由外贸公司理单跟单人员负责进行配载工作,工厂提供相关的装箱单、货物的纸箱毛净重、纸箱尺寸、立方数等信息。公路运输的不利因素是交通车流量多,途中风险较大,要提前做好货源的组织生产工作,保证有足够的途中运输时间。公路运输的费用较高,运量较小,要根据货物的立方数选择合适的车型(集装箱柜子的大小)。

2. 快件运输

快件运输是指国内快递运输和国际快递运输,主要用于寄送样品、布样、文件资料及发票等。其优势在于速度快、运输的时间有保障。同时,其运输的量不是很大,国内、国际快件运输是根据货物的重量单价收取相关费用。运输成本高,包装要符合快件运输的相关要求,否则快件公司不愿意承担运输。

3. 海洋运输

海洋运输是国际贸易中常用的一种运输方式,家用纺织品贸易公司进出口大多数采用海运来完成运输。海洋运输按照船舶的营运方式来分,可以分为班轮运输和租船运输两种。班轮运输也称为定期船运输,是在固定航线上、固定的停靠港口、定期开航的船舶运输。租船运输是指租船人向船东租赁船舶用于运输货物的一种方式。一般有租赁整船和租赁部分船位两种业务方式。

4. 航空运输

航空运输又称为空运,即以飞机为载体将货物快速送达客户手中的一种运输方式。航空运输的特点是运费比较高,运输的安全准时性和服务质量可以得到保证。一般情况下家用纺织品贸易公司或生产型企业在大货生产数量比较少、交货期紧、迟交货会遭索赔的情况下,采用航空运输有下列情形。

(1)因生产安排不合理,延误交货日期,通过其他的运输方式则不能在约定的交货日期将货物送到客户的手中。为了争取时间,在交货期内将大货生产送到客户手中,故采用航空运输方式。

(2)因客户需求,先将大货生产的一部分产品用航空运输方式送到客户手中,便于客户能提前将产品上柜销售或展示,余下的大货生产的产品则采用海洋运输的方式。

(3)因生产安排不当,造成大货生产时面辅料采购数量短缺或因品质问题造成大货生产的成品数量减少而需要重新采购面辅料补单,则补单的大货成品需要用航空运输的方式寄送给客户,这种情况在家用纺织品企业生产中经常会发生,前提是需要得到客户的确认。

5. 铁路运输

铁路运输采用铁路列车的运输方式来完成货物交易,根据铁路运输的距离可以分为:国内铁路运输,至港澳铁路运输和国际铁路运输。铁路运输的特点是运输能力大,受到车厢容积和载重的限制。随着铁路运输的提速,其运输的速度也相对较快,可靠性高,铁路运输的运费相对来说与其他的运输有所不同,铁路运输运费的计算步骤如下:

(1)先算出发站至到站的里程数。

(2)正确查出所运输货物的运价号。

(3)货物适用的发到基价加上运行基价与货物的运价里程数相乘之积,与货物的计费重量(集装箱为箱数)相乘,得出的就是铁路运输的运费。

$$铁路运输运费 = (发到基价 + 运行基价) × 运价里程数 × 货物计费的重量$$

铁路货物运输的运费发到基价、运行基价、计算重量在铁路车站均会张贴公布。

(三)货款结算跟单

在家用纺织品国际贸易货款结算中,通常采用的支付方式有汇付、托收和信用证。

1. 汇付

汇付(Remittance)是付款人主动委托银行或通过其他途径将款项汇交给收款人,即付款人通过银行将货款汇交给收款人的结算方式,它属于商业信用。汇付有电汇、信汇和票汇三种方式。电汇、信汇流程见图 4-3。

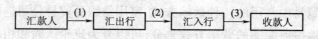

图 4-3 电汇、信汇流程图

(1)汇款人向汇出行申请汇款

(2)汇出行以信函或电报方式授权汇入行支付货款给收款人

(3)汇入行支付货款给收款人

(1)电汇(Telegraphic Transfer T/T)。电汇是汇出行应汇款人的要求,用加押电传、电报或 SWIFT 给汇入行,向收款人付款的一种汇款方式,电汇的优点是收款人能及时收到货款。

(2)信汇(Mail Transfer M/T)。信汇是指汇出行应汇款人的要求,将信汇委托书邮寄或快邮给汇入行,委托国外汇入行向收货人付款。信汇方式支付货款时间较慢,费用比电汇低。

(3)票汇(Demand Draft D/D)。票汇是汇款人在本地银行购买银行汇票,收款人凭汇款人邮寄或快递来的汇票,向汇票上的指定银行或代理分行收取货款的结算方式。票汇流程图见图 4-4。

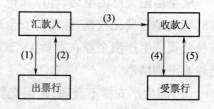

图 4-4 票汇流程图

(1)汇款人向汇出行申请汇款

(2)出票行出具汇票交向汇款人

(3)汇款人将汇票寄给收款人

(4)收款人将汇票提交给指定票行

(5)受票行对汇票付款或承兑

2. 托收

托收是指由收到托收指示的银行根据所收到的指示处理金融票据(支付工具)和商业单据(装运单据)以便取得付款或承兑,即卖方出具债权凭证(支付工具)委托银行向买方收取货款的一种支付方式。按托收的过程中汇票是否随附商业单据,可分为光票托收和跟单托收。

(1)光票托收:在托收过程中,汇票没有随附发票、提单等商业单据而单独使用。

(2)跟单托收:在托收过程中,汇票随附发票、提单等商业单据使用。

3. 信用证

信用证是指银行(开证行)依据客户(申请人)的要求和指示或以其自身的名义主动开立的、在符合信用证条款的条件下凭规定单据承诺付款的书面文件。

以信用证作为货款结算方式,其一般需要经过申请、开证、通知、议付、索偿、付款及赎单等环节,信用证结算的流程见图4-5。

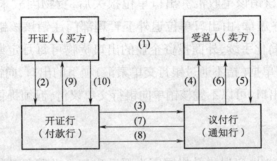

图 4-5　信用证结算的流程

(1)签订订货合同　　　　　　　　　(6)议付行审核单据
(2)买方申请开立信用证　　　　　　(7)议付行向付款行寄出单据
(3)开证行接受开出信用证　　　　　(8)付款行付款或承兑
(4)通知行向卖方通知信用证　　　　(9)开证行通知申请人赎单
(5)卖方按信用证规定发货,单据提交议付行　　(10)申请人付款赎单

(四)核销单退税

1. 出口收汇核销

(1)出口收汇核销的含义。根据《对外贸易法》的有关规定,对外贸易经营者在对外贸易经营活动中,应当依照国家外汇管理制度的要求结汇、用汇,银行对企业的收付汇实行结汇、收汇制。国家为了保障银行结汇、收汇制度的执行,保证充足的外汇来源,满足用汇需要,在货物的进出口过程中,实行较为严格的收付汇核销制度。

出口收汇核销是指国家外汇管理部门根据国家外汇管制的要求,通过海关对出口货物的监管,对出口单位的收汇是否按规定上缴国家而进行监督的一种管理制度。

(2)出口收汇核销的凭证。出口收汇核销的凭证是指"出口收汇核销单"。"出口收汇核销单"由国家外汇管理局制发,出口单位和受托行及解付行填写,海关凭它受理报关,外汇管理部门凭它核销收汇。它是出口收汇管理中最主要、最重要的一份单据,需经过海关审核和签章。

该单由国家外汇管理局顺序编号。

（3）出口收汇核销的范围。按规定,对于一般贸易、易货贸易、租赁、寄售、展卖等一切出口贸易方式,只要涉及出口外汇,都必须进行出口收汇核销。

（4）出口收汇核销的程序。

①申领核销单:有出口收汇货物的单位,应到当地外汇管理部门申领经外汇管理部门加盖"监督收汇章"的核销单。

②向海关申报:出口单位持核销单及其他有关单据向海关进行申报,海关凭核销单放行货物。

③办理外汇手续:货物出口后,出口单位将海关签章后退交的核销单、报关单及其他有关单据送银行办理收汇手续。

④核销外汇:银行外汇后,出口单位将银行签章的核销单、结汇单或收账通知等有关证明文件送外汇管理部门,由其核销该笔收汇。出口单位报关后,货物因故未能出口,要求退关时,海关在核销单上签注意见并盖章,由出口单位退外汇管理部门注销该核销单及其存根。

在实际工作中,为了简化手续,外商投资企业的出口货物可每月定期办理收汇核销手续。对于外汇管理部门批准自寄单据(指不通过银行交单索汇)项下的出口,向银行结汇时不必提交核销单。以信用证、托收方式出口,可以不凭核销单向银行交单议付,但须提供一联注有核销单编号的发票。

2. 出口退税

（1）出口退税的含义。出口退税是指国家为帮助出口企业降低成本,增强出口产品在国际市场上的竞争能力,鼓励出口创汇,而实行的由国内税务机关退还出口商品国内税的措施。

（2）出口退税的范围。申请出口退税必须具备规定的条件,目前我国有权申请出口退税的范围包括:有出口经营权并承担出口创汇任务的企业出口的货物,工业企业委托有出口经营权的企业出口自产的产品。

下列情况均不能申请出口退税:来料加工、来件装配复出口的产品;保税工厂开展的加工装配业务复出口的产品;保税仓库储存的复出口的货物;捐赠出口货物;暂准出口货物;不结汇的援外物资;出口企业报关出口,但实际不出境的货物;没有出口经营权的企业出口的货物。

（3）出口退税的凭证。出口企业向税务机关申请退税,须提供"两单两票"。即海关盖有"验讫章"的出口货物报关单、银行的出口结汇税单、出口销售发票和出口产品购进发票。另外,出口企业还须每半年提供一次经当地外汇管理部门出具的"已核销"证明。只有所有单据齐全、准确,税务机关经审核无误后,才能退还已缴纳的国内税,这也是我国加强出口退税管理的一种手段。

（4）出口退税的程序。申请出口退税的出口企业,在向海关申报时,除正常单据外,还应提供一份与普通出口货物报关单据一致的浅黄色"出口退税报关单"。货物出口后(指装载出口货物的运输工具办理海关手续)15日内,出口企业向海关申领"出口退税报关单",凭此办理出口退税手续。

如果出口货物发生退关或退运,有进出口权的企业应向原报关出口地海关交验当地主管出口退税的县级以上税务机关的证明,证明该批货物未办理出口退税或者所退税款已退回税务机关,海关才准予办理退关手续。

(五)文件资料的整理

家用纺织品理单跟单员在订单的完成期要做好文件资料的存档工作。订单完成期的文件资料主要包括所存的报关文件、工厂的装箱单、配船的相关资料、提单、信用证的复印件和议付文件的复印件、销售确认书、订货合同书、面辅料的色样等。

家用纺织品订单完成期的文件资料的整理需要有对应的文件夹,文件夹编号,规范文件资料的顺序,便于在以后的工作中查阅。文件资料整理的重要性有以下几个方面:

(1)便于同客户之间的交流沟通,查询相关的报关资料信息。

(2)便于公司内部的管理工作的开展,有利于理单跟单员跟进每一个订单完成期的相关信息资料,便于查阅、查找。

(3)有利于理单跟单员了解每个客户在订单完成期的相关要求。

(4)有利于理单跟单员了解每个订单的实际运作的系统性、完善性。

七、订单完成期跟单工作常见的问题及处理技巧

(一)突发事件的处理

家用纺织品订单完成期的跟单工作中经常会遇到一些突发事件,最常见的问题主要有以下几种情况:

案例1:

成品货物在运输过程中,由于交通堵塞不能准时到达指定仓库,当时距仓库最后截关时间还有2h。

处理:

发生这样的情况,通常情况下是由于工厂在备货过程中不能提前完成货物的生产任务,再加上不可抗力的客观因素所致,这时货车驾驶员必须及时联系仓库、工厂负责人单证人员告知目前自己所处的位置及预计能到仓库的时间,其次,由单证人员出面向货贷公司仓库联系。处理结果通常是推迟一个航班,并修改相关的单证。

案例2:

货物到达仓库后,仓库在清点货物时发现 A 货号的总箱数少了 3 箱,B 货号的总箱数多了 3 箱。实际送货数量与进仓单不符,仓库拒绝签字接收该批次货物。

处理:

送货的驾驶员应及时通知单证人员及工厂生产厂长,了解工厂是否还有 A 货号 3 箱的产品。由单证人员出面与货贷公司仓库联系,先接收该货物,并修改相关的单据后传真给仓库货贷公司。

案例3：

货物装箱单上的毛重、净重、体积与货物纸箱上所标注的毛重、净重、纸箱尺寸(长×宽×高)不一致。仓库拒绝接收货物。

处理：

在货物以海洋运输时通常会发生这种情况，海洋运输时以货物的体积来收费，同时为了保证运输的安全，对货物的重量审查比较严格，以防止货物在运输过程中发生意外事故。要求单证人员在制作单据时严格按要求操作。对工厂上报的出货单要严格审核。

(二)订到货物舱位的处理

家用纺织品企业在备货的同时，还要根据合同的相关条件做好租船订舱装船的工作，办理报关、投保等手续。

按照贸易合同的规定，如果是 CIF ICIP 或 CFRI CPT 条件，则由卖方办理租船订舱工作，如果是 FOB/FCA 条件，则由买方办理租船订舱工作，由卖方向客户指定的货代公司联系相关租船订船事项。订舱、装船工作的基本流程如下：一般情况下可以委托代理(货代、船代)公司来代理。

(1)卖方向中国对外贸易运输公司(外运公司)填写并发送订舱委托书，办理订舱委托。

(2)外运公司填写托运单并送交给承运人或其他代理人，为托运人办理订船手续。

(3)承运人或其他代理人收到托运人的单证资料后，即对出口企业传真装货单，作为通知出口企业把货物按时送到指定仓库和仓库收货装船的凭证。

(4)经海关验货放行后，货物凭装货单进行装船，由船长或大副根据装船货物的实际数量在收货单上签字或批注，即大副收据。托运人凭收货单向承运人交付相关费用并换取正本提单。

(5)出口企业在货物装船后要及时通知买方，并先传真提单副本给买方，待确定货款入账后及时寄送正本提单给买方。

(三)发现质量问题的处理

家用纺织品的质量问题是由很多方面的原因造成的，主要可以归纳为以下四个方面：

(1)因面辅料颜色品质不符合规定要求，导致色差、破洞、纬斜、色纱等疵点。

(2)因缝制质量不合格影响成品的使用功能和外观性能，如漏缝、跳针、浮线、压线不直。

(3)成品尺寸达不到订单要求的标准，成品的尺寸误差大于或小于公差允许范围。

(4)因包装原因导致的质量问题，如包装 PVC 袋子做错、宣传卡用错、条形码不干胶未贴或贴错、装箱纸箱颜色与产品颜色不一致等。

针对以上四个主要原因，家用纺织品贸易公司或生产型企业在订单的生产过程中要做好产品的质量控制工作，从生产的源头上进行品质控制，及时发现生产过程中的质量问题，并予以纠正。

案例1：

某家用纺织品企业接到一批4个颜色共计4000片的PVC餐垫订单，大货全部生产完成，准备装车送到仓库。此时，跟单员在终检检验时发现该批次餐垫存在以下问题：餐垫正面右下角的条形码价格标签贴错，条形码价格标签有发油现象；餐垫缝制质量不合格，压线不直，压线处有压脚刮过的痕迹且比较明显。

处理：

跟单员及时要求工厂配合返工检验该批订单产品，并且要求工厂把发油的条形码价格标签换掉，同时及时与客户取得联系。并告知客户工厂因把缝制质量不好的产品挑出后会造成短装现象，是否可以接受。

案例2：

某家用纺织品企业生产完成了3500个椅垫，客户收到船样后检验发现椅垫定位圈不居中且容易脱开，要求贸易公司加强出货前对工厂的成品质量检验力度，否则拒绝接受这批椅垫。

处理：

通常情况下，在贸易活动中会有类似的情况发生。应向客户解释船样产生定位圈不居中且容易脱开的原因，并保证大货不会出现类似的质量问题。同时，在出货前加大成品的检验力度，做到100%全检。并一贯抱有对客户负责、对自己负责的态度。

（四）发现包装出错货物已经出港的处理

发现包装出错时货物已经出港的问题是由于跟单员的检验失误、检验工厂的管理操作不当或理单跟单人员在包装资料发生修改时未及时将修改文件分发给相关部门等原因造成，这种情况的处理办法是：

（1）及时与客户进行沟通联系，告知客户哪些箱号的产品包装出错及出错的原因，取得客户的理解，并表示愿意承担由此产生的相关费用。

（2）包装出错的原因若是某一颜色数量多了，另一颜色数量少了，但是总数量不变，数量多的产品可考虑免费赠送给客户，数量少的则要补齐空运给客户。

跟单员在大货生产的过程中要做好包装工序的质量管理，避免出现这类问题，给企业带来经济损失和不良的影响。

【知识拓展】

一、客户投诉的处理

家用纺织品理单跟单员经常会遇到客户的投诉，对于客户投诉的问题，理单跟单员要积极解决，同客户协商相关处理办法；要有责任心、耐心。对客户投诉的处理得当与否，直接关系到企业的效益、信誉度、诚信度，对投诉事件的处理不当可能会失去一个或几个客户；对客户投诉事件处理得当，可增强客户续下单的信心，甚至会给理单跟单员介绍其他的客户。理单跟单员处理客户投诉时应注意以下三点：

（1）理单跟单员处理客户投诉时的态度一定要好，做好客户投诉记录工作，同时，针对客户的投诉问题，及时反映到相关的部门，同相关人员进行沟通，协商做好应对整改措施，及时解决客户投诉的问题。

（2）理单跟单员要有耐心、责任心，及时做好客户投诉的回访工作，了解并协助客户解决在销售过程中产生的质量问题。

（3）理单跟单员要善于总结，提前做好预防工作，告知生产企业在生产过程中应避免产生类似的质量问题，减少客户投诉率。

二、客户拒绝付款的处理

客户拒绝付款的处理是家用纺织品外贸公司和生产型企业面临的最无奈和最残酷的现象。客户拒绝付款的处理途径主要有以下三个方面：

（1）买卖双方当事人协商解决，同时分析客户拒绝付款的理由是否合理，根据合同的相关条例解决。

（2）通过正常的法律途径解决，根据国际贸易经济合同法或中华人民共和国经济合同法的相关条例来协商。

（3）对于客户拒绝付款的问题，应追究相关责任人和相关责任单位的责任。

例如：因产品质量不合格，客户销售不出去；因包装出错，导致供应商采用其他客户的包装辅料（例如水洗标、宣传卡是其他客户的）等。在这些案例中，就会产生拒绝付款的链式结构，造成恶性循环，客户拒绝付款给外贸公司→外贸公司拒绝付款给生产企业→生产企业没钱付给工人工资和面辅料供应商→面辅料供应商没钱付工人工资和面辅料生产加工厂→加工厂无钱付工人工资及原材料供应单位。

三、客户索赔的常用英语信函交流技巧

客户因质量问题提出索赔的邮件范文如下：

Anna 见启：

今天我方收到了 2013 年夏季单的大货产品。有个重要的问题必须要提出来，收到的大货中有 6 个纸箱严重损坏，纸箱中的餐巾数量严重缺少，剩余的餐巾包装残破，看起来又脏又破。

我方要求每箱 $100，共计 $600 的赔偿金。另外要求补齐所缺的 6 箱餐巾数量，并在两周内完成空运给我方。这点非常重要。

Ella

Dear Anna,

Today we received the production of order 2013 Summer. We should talk about something very important 6 export cartons were terrible destroyed, napkins in it was not of correct quantity, most was lost. Also the rest in the 6 cartons was not so nice packing, dirty and broken.

We request 6 × \$100/carton = \$600 for compensation and also please re-do the destroyed production and ship by air in 2 weeks, it is really important.

Best regards,

Ella

回复范文如下：

Ella 见启：

很抱歉听到这个坏消息，但是我必须声明这并非是我方的失误，在把大货产品装往货运代理仓库的途中，一切完好。数量齐全，包装整齐。肯定是装船过程或海运途中某个环节出了问题，导致货物破损。

另一方面，我已经同工厂核实过，仓库中的库存面料不足，不够制作6箱的餐巾。如果我们再安排去定做面料，两周的时间根本不可能完成。请理解。

为弥补你方的损失，我方可以在下次翻单时，免费多制作6箱的餐巾。是否可以？

非常感谢你的理解和支持。

Anna

Dear Ella,

Really sorry to hear the bad news, but we should say that it is not our fault.

From my factory to the forwarder's warehouse, all cartons should be in good condition. Quantity and packing is under good control. It must be destroyed on the way to board or on sea.

On the other side, checked with my factory, pity that there is no enough fabric left in store. So if re-do, we must order fabric again, it will take much time, 2 weeks is impossible. Please understand.

We can do another 6 cartons more in next repeat order for free. Does it ok?

Thanks for your good understanding.

Best regards,

Anna

【任务4-1】　出口不同国家和地区应注意的事项

【任务要求】分析说明家用纺织品出口不同国家和地区应注意哪些问题？

我国家用纺织品出口主要集中在美国、欧盟和日本。

1. 美国

美国的家用纺织品市场的需求量是比较大的，美国的家用纺织品买家在采购中国的家用纺织品时主要定位在中高档市场，对成品质量提出了很高的要求，美国的买家根据 AATCC 标准、ASTM 标准而制订自己的企业采购标准，用来加强规范中国家用纺织品供应商的质量意识和企业生产过程中的用工制度。

出口美国市场的家用纺织品需要注意以下几点：

（1）家用纺织品的材料、质量要符合环保要求。

（2）家用纺织品的成分、洗涤标识要正确，家用纺织品阻燃性能要符合法规要求。

2. 欧盟

欧盟不仅有统一的技术标准法规，其各成员国还有各自的严格标准，同时欧盟各成员国家也是设置技术壁垒最严重、最多的国家。

出口欧盟市场的家用纺织品需要注意以下几点：

（1）符合欧洲标准，取得欧洲安全认证标志。

（2）符合欧盟纺织品生态标准明确规定和限制使用的部分纺织化学品的要求。例如，有害染料的测试——致癌芳香胺的禁用染料、致敏染料，苯酚，甲醛等。

（3）家用纺织品产品进入欧盟市场，其生产供应商必须取得 ISO 9001 合格证书。

3. 日本

日本对家用纺织品的质量要求非常高，并且日本有很多的技术法规和标准，进入日本市场的家用纺织品必须要符合国际标准，还要符合日本的标准。进入日本市场的家用纺织品在成品检验阶段必须要对所有的产品进行断针检验，日本对断针的检验要求很严格，主要是日本政府为了保障消费者的权益，对家用纺织品产品上检验出有残针的生产供应商会实行重罚。

【任务4-2】 出口不同国家颜色的喜好

【任务要求】要求家用纺织品理单跟单员，结合出口不同国家的风俗特征情况，人们对颜色的喜好情况，制订一份出口不同国家颜色的喜好表。

出口不同国家颜色的喜好表见表4-4。

表4-4 出口不同国家颜色的喜好表

国家及地区	喜好的颜色	讨厌的颜色
西欧国家	—	红色
英国	—	红色、白色、蓝色
法国	灰色、白色、粉色	黑色、绿色、黄色
德国	南方鲜明色彩	茶色、绿色、深蓝色
日本	黑色、紫色、红色	绿色
瑞士、西班牙	各色相的色组、浓淡相间的色组	黑色
挪威	红色、蓝色、绿色	—
新加坡	绿色、红色	黄色
马来西亚	绿色、红色	黄色
印度	红色、橘黄色	
希腊	蓝色相配色	—
埃及	绿色	蓝色

续表

国家及地区	喜好的颜色	讨厌的颜色
巴西秘鲁	—	紫黄色、暗紫色
巴基斯坦	翠绿色	黄色
荷兰	橙色、蓝色	—

☞ 习题

一、单项选择题

1. 家用纺织品后期验货,成品检验的项目有( )。

A. 规格检验　　B. 抽箱　　C. 核对资料　　D. 工艺确认

2. 家用纺织品成品包装方法,不符合常规产品的包装方法有( )。

A. 真空包装　　B. 折叠包装　　C. 内外包装　　D. 直接用绳子捆扎

3. 有一批窗帘订单共 5000 条,其中米色窗帘 1000 条,红色窗帘 1500 条,绿色窗帘 500 条,白色窗帘 2000 条,依照 AQL2.5 抽查方法,需要检验白色窗帘( )。

A. 20 条　　B. 32 条　　C. 50 条　　D. 80 条

4. 家用纺织品窗帘通常采用哪种包装方法( )。

A. 折叠包装　　B. 真空包装　　C. 立体包装　　D. 直接装箱

5. 对家用纺织品产品出口验针要求比较严格是哪个国家( )。

A. 日本　　B. 美国　　C. 德国　　D. 英国

二、名词解释

1. 什么是 AQL?

2. 什么是电汇?

3. 什么是商检?

4. 什么是单证?

5. 什么是报关?

三、问答题

1. 家用纺织品后期跟单的主要流程是什么?

2. 请阐述后期验货的成品检验的步骤、检验方法、质量判定要求。

3. 请分析说明如何处理客户的索赔及质量投诉。

4. 请分析说明后期物料跟催的重要性。

5. 有一批订单共有 10000 条浴帘,后期跟单验货,抽查 80 条浴帘,发现不良品有 13 条,线头较多。请问这种情况,跟单员应如何处理。

情境 5　家用纺织品企业成本核算

学习要点

了解家用纺织品企业成本核算的工作流程,熟悉并掌握家用纺织品理单跟单后期成本管理操作流程及规范的程序步骤。

学习难点

1. 家用纺织品企业成本核算的工作流程是什么?

2. 家用纺织品企业内销、外销报价与成本核算。

项目 5 – 1　家用纺织品企业成本管理

本项目介绍了家用纺织品企业财务部门、生产部门对家用纺织品产品成本核算、成本控制、成本分析的相关知识及技巧。

家用纺织品企业成本管理是企业重要的岗位工作,有效控制企业的成本,可使每一笔订单都产生更大的利润空间。

项目 5 – 2　家用纺织品企业成本核算

本项目介绍了家用纺织品企业对订单生产所需要的各项成本进行有效的核算、分析,并提出合理的成本控制方案。成本核算能使企业的管理者凭借成本核算报表就可以知道每一笔订单的盈亏状况,有利于分析每一笔订单产生的利润、生产物料成本、人力成本费用等方面的损耗是否合理。

【知识准备】

一、成本管理概述

(一)成本的定义

简单来讲,家用纺织品产品成本包括面料、辅料、包装材料的费用,生产加工过程中需要支付给工人的劳动费用和其他管理费用(包括制造费用、管理费用、水电费、耗用的机器零配件及

机器设备的折旧费用等)。用以下公式表示:

$$家用纺织品成本 = 加工生产所需原材料的费用 + 工人工资费用 + 其他管理费用$$

(二)管理的定义

管理就是通过计划、组织、领导和控制,使一项活动有计划、有秩序、有目的地进行,从而实现管理者的最终目标。管理的计划组织见表 5 – 1。

表 5 – 1　管理的计划组织

计　划	组　织	领　导	控　制	目　的
确定目标,制订计划	决定具体做什么,怎么做,由谁做	指导和激励所有参加者,并协调各项工作	对活动进行监控,保证计划按时完成	完成计划,实现目标

(三)成本管理的定义

家用纺织品成本管理是企业在组织生产经营活动中,对家用纺织品产品的成本进行预测、计划、控制、核算、分析、考核,使之按照预定目标完成各项管理工作。

例如,家用纺织品企业生产窗帘的成本管理,根据市场预测,1 条尺寸为 150cm × 220cm 的窗帘的目标成本必须控制在 15 ~ 18 元才能有一定的目标利润,那么这条窗帘的各成本构成是面辅料成本必须为 10 ~ 11 元,人工成本为 2 元,其他管理费用为 3 元。根据这三个目标成本来组织生产,并选择几个关键点来控制成本,采购环节不能超出计划单价和计划数量,生产环节不能超出预定的材料损耗率和疵品率,其他管理费用不能超出费用定额。待产品完成后财务部核算出实际成本,并与目标成本相比较,若超标,找出存在问题的原因。成本管理工作是一个全面成本管理的概念,它涉及企业所有的部门和所有的生产环节,是一项综合性管理工作,需要全员为之努力,是家用纺织品企业管理的重要组成部分。

二、成本管理的重要性

家用纺织品行业发展迅速,随着行业的不断发展,由于劳动力普遍缺乏,技术人才不足等原因,导致家用纺织品行业劳动力成本增加。但是,由于我国国内家用纺织品企业仍然以低价产品抢占国际市场,低劳动成本是广大中小型家用纺织品企业与大型跨国公司竞争中取胜的主要手段。家用纺织品企业要保持现有的国际竞争优势颇有难度。有数据表明,近年来沿海地区缺乏熟练劳动力致使劳动力成本持续走高。家用纺织品企业的劳动力成本与发达国家及国际平均水平相比,还有较强的竞争优势,可是与一些发展中国家相比,这种优势正在迅速减弱。

因此,如何解决好劳动力成本以及即将出现的劳动力匮乏问题,是目前家用纺织品企业发展面前的又一难题。要保持家用纺织品企业的良好发展,单纯依靠低成本产品占领市场不是明智之举。首先,中小型床品企业应设立自我品牌意识。其次,建立合理用工体制,一味的低薪聘工已不合时宜。只有良好的薪资福利待遇,才能留住人才,引导行业人才网络的良性发展。最后,转移产业布局,借助西部地区能源资源和国家的"开发西部政策",在西部和其他一些较贫困地区建立产业基地。另一方面,这些地区相对劳动力成本较发达地区低廉。同时,家用纺织品企业应建立健全企业员工培训机制,不再单纯直接从人才市场获取熟练工,走出急功近利的人才误区。

由于人民币升值加快、货币政策趋紧和出口退税下调,不仅减少企业利润空间,也将迫使床品企业面临结构调整和企业产品的转型升级。

此外,主要原料、能源动力价格增加均超出产品出厂与零售价格涨幅,新《中华人民共和国劳动合同法》正式生效将带来纺织行业人均劳动报酬大幅增长。

随着国内国际形势的变化,生产成本中的三因素:原材料、人工、其他管理费用中的两大主要因素原材料、人工成本已急剧上升,而随着国际竞争越趋激烈,则要求企业能在竞争中保持价格优势,企业如果要想在激烈的国际竞争中保留一席之地,必须加强对企业进行成本管理。

三、成本管理的意义

家用纺织品企业成本的控制应该着眼于每项生产经营活动所产生的成本,这既包括企业为生产产品所付出的作业劳动,同时也包括这一过程所消耗的资源。如采购成本,既包括采购耗费的作业流程,如装卸、运输、验收等,也包括流程中耗费的人力物力。

减少生产经营成本可从减少非增值作业入手,通过对作业与最终产品的联系,判断什么样的作业具有增值性。一般企业的购货加工、装配等均为增值作业,而大部分的仓储、搬运、检验,以及供、产、销环节的等待与延误等,由于并未增加产出价值,为非增值作业,应减少直至消除。

减少生产经营成本的另一个方法是减少作业过程中耗费的资源,如减少购货作业耗费的人力物力。在确定作业效率高低时,可将本企业的作业与同行业类似作业进行比较,然后对其耗费的资源进行分析与控制,寻求提高作业效率的有效途径。如可通过减少作业人数、降低作业时间、提高设备利用率等措施来减少资源消耗,提高作业效率,降低产品成本。

企业的整体成本与生产成本是相互作用的,有可能相互加强或相互对抗。如规模经济或学习效应可以强化企业在时机选择中的优势,纵向整合的成本优势也可能被生产能力利用不足所抵消。因此,企业还应重视分析两者之间的相互作用,以避免他们相互抵触,并充分利用两者相互加强的效果来获得持久竞争优势。

四、家用纺织品成本核算的分析

(一)成本的分类

1. 按经济性质分类

(1)外购材料:指耗用的一切从外部购入的原料及主要材料、半成品、辅助材料、包装物、修理用备件、低值易耗品和外购商品等。如家用纺织品加工厂,生产家用纺织品产品用的主要面辅料,包装产品用的塑料袋、纸箱等包装材料,机器设备修理用的零配件等。

(2)外购燃料:指耗用的一切从外部购入的各种燃料,如柴油、机油。

(3)外购动力:指耗用的从外部购入的各种动力,如外购电力、蒸汽。

（4）工资：指企业应计入生产经营成本的职工工资。

（5）提取的职工福利费：指企业按工资总额的一定比例提取的职工福利费。

（6）折旧费：指企业提取的固定资产折旧费用。

（7）税金：指应计入生产经营成本的各项税金，如土地使用税、房产税、印花税、车船使用税等。

（8）其他支出：指不属于以上各要素的耗费，如通信费、差旅费、租赁费、外发加工费等。

以上生产经营成本的各要素称为"费用要素"。按照费用要素分类反映的成本信息可以反映企业在一定时期发生了哪些生产经营耗费，数额多少，企业耗费的结构和水平如何。

2. 按经济内容分类

可分为生产成本和期间成本。生产成本是指直接材料、直接人工和其他管理费用，简称为"料、工、费"。直接材料指直接用于产品生产、构成产品实体的原料及主要材料、外购半成品、有助于产品形成的辅助材料以及其他直接材料。直接人工指参加产品生产的工人工资以及按生产工人工资总额和规定的比例计算提取的职工福利费。其他管理费用指为生产产品和提供劳务所发生的各项间接费用，它不能直接追溯到产品上去，而需要通过一个合理的分配方式分配到产品上去。如车间管理人员的工资、水电费、车间修理费。

期间成本是与特定期间相联系，与产品生产有关，但与产品的产量没有直接联系，在计算产品成本过程中不必追溯到特定产品之上，而是按期在损益表中摊销。它包括营业费用、管理费用和财务费用。

（二）成本的核算

1. 家用纺织品产品成本计算公式

$$产品成本 = 材料成本 + 人工成本 + 其他管理费用$$
$$材料成本 = 面料成本 + 辅料成本 + 包装成本 = 面料用量 \times 面料单价 +$$
$$辅料用量 \times 辅料单价 + 包装材料用量 \times 包装材料单价$$

2. 家用纺织品成本计算的步骤

如图 5 - 1 所示。

从图 5 - 1 中成本计算的步骤可以看出，企业的耗费和支出用途很多，有的用于生产经营耗费，有的用于非生产经营耗费，生产经营耗费中又有正常的耗费和非正常的耗费，正常的耗费中又有直接成本、间接成本和期间成本，只有直接成本和间接成本才构成产品成本。所以，在计算成本时要先分清以下四个费用界限：

（1）正确划分应计入产品成本和不应计入产品成本的费用界限。就是区分生产经营耗费和非生产经营耗费，正常成本和

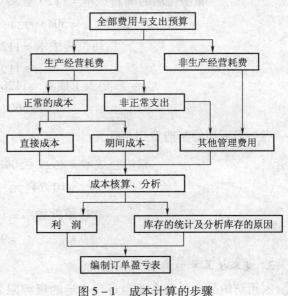

图 5 - 1　成本计算的步骤

非正常支出。非生产经营耗费如投资活动耗费、筹资活动耗费等。非正常支出如灾害损失、盗窃损失等。

(2)正确划分各会计期间成本的费用界限。应计入生产经营成本的费用,应在各月之间进行划分,由本月产品负担的费用应全部计入本月产品成本,不应由本月负担的生产经营费用,则不应计入本月产品成本。

(3)正确划分不同成本对象的费用界限。对于应计入本月产品成本的费用还应在各种产品之间进行划分,这里涉及一个成本归集的方法问题,如果按品种法核算成本,就要在不同品种之间分清各自应负担的成本,如果按分批法核算成本,就要在各批产品之间分清各自应负担的成本。

(4)正确划分完工产品和在生产产品成本的界限。月末计算产品成本时,有些产品已全部完工,有些未全部完工,该产品成本还要在完工产品和未完工产品之间进行分配。未完工产品按完成的工序计算一个约当产量,和完工产品一道进行分配。

例如:某家用纺织品企业计划生产一批靠垫1120只,材料单耗0.33m,共采购500m提花布,单价为10元/m,多余面料工厂制作成窗帘,供自己工厂办公室使用,靠垫需耗用拉链1120条,单价0.4元,共耗用PP棉500kg,单价为9.2元/kg,包装成本每只1元,人工成本每只0.5元,窗帘人工成本1.5元,该批靠垫需承担其他管理费用400元,窗帘需承担制造费用200元,请计算靠垫总成本。

计算步骤如下:

先要算出靠垫耗用多少提花布,制作窗帘用的材料不能计入靠垫成本当中。

$$靠垫耗用的面料成本 = 产品数量 \times 单耗 \times 单价$$
$$= 1120 只 \times 0.33m/只 \times 10 元/m$$
$$= 369.6m \times 10 元/m = 3696(元)$$

$$靠垫耗用的辅料成本 = 1120 条 \times 0.4 元/条 + 500kg \times 9.2 元/kg$$
$$= 5048(元)$$

$$靠垫包装成本 = 1120 只 \times 1 元/只$$
$$= 1120(元)$$

$$靠垫人工成本 = 1120 只 \times 0.5 元/只$$
$$= 560(元)$$

靠垫需承担的制造费用400元。

$$靠垫总成本 = 3696 + 5048 + 1120 + 560 + 400$$
$$= 10824(元)$$

$$靠垫单件成本 = 10824 \div 1120$$
$$= 9.66(元/只)$$

3. 成本核算单的编制

家用纺织品出口型企业自身有一定的资源限制(主要是人力资源限制),而每个订单的数量有多有少,部分订单数量大的或者距交货时间比较紧张的,就必须把部分产品外发加工生产,那么在产品成本核算时就要考虑外加工费用。外加工费用主要包含人工费和外加工管理费。家用纺织品产品成本核算单见表5-2。

表5-2　家用纺织品产品成本核算单

订单号:　　　　　产品名称:　　　　　产品数量:　　　　　　　　　所属月份:

项　目	计划用量	实际用量	单　位	单　价	金　额
面料					
辅料					
包装材料					
材料合计					
人工费用合计					
裁剪					
缝制					
检验					
包装					
外加工费用					
管理费用					
总成本					
税率					
销售收入					
销售毛利					
毛利率					

制表人:　　　　　　　　　　　　　　　　　　复核人:
日　期:　　　　　　　　　　　　　　　　　　日　期:

五、家用纺织品成本核算中存在的问题

家用纺织品成本核算过程中,由于家用纺织品企业生产的持续性,原材料的损耗较大,在成本核算中都是容易忽视的,成本的预算和核算的结果差距很大。

成本核算是成本管理工作的重要组成部分,成本核算的正确与否直接影响企业的成本决策和经营决策。在成本核算过程中通常要注意以下几个问题:

(1)要加强成本管理的基础工作,建立健全原始记录,建立并严格执行材料的计量、检验及材料的收发、领退工作,建立健全材料、燃料、动力、工时等消耗定额,严格遵守规章制度,规范内部计价工作。基础工作的规范是各项成本管理工作得以顺利且有效进行的必要保证。

(2)选择正确的成本核算方法,是决定成本有效管理的关键。生产流程的特点与成本核算

的方法相配套,成本核算才能为成本管理提供有价值的信息。

六、家用纺织品成本核算与利润的关系

(一)本量利分析的定义

本量利分析是成本、业务量、利润关系分析,是指在变动成本计算模式的基础上,以数学化的会计模型与图式来揭示固定成本、变动成本、销售量、单价、销售额、利润等变量之间的内在规律性联系,为会计预测、决策和规划提供必要的财务信息的一种定量分析法。本量利分析是现代管理学的重要组成部分。

本量利分析法由美国沃尔特·劳漆斯特劳赫在20世纪30年代首创。其基本原理是:当产量增加时,销售收入成正比增加,但固定成本不增加,只是变动成本随产量的增加而增加,因此,企业总成本的增长速度低于销售收入的增长速度,当销售收入和总成本相等时(销售收入线与总成本线的交点),企业不盈也不亏,这时的产量称为"盈亏平衡点"产量。

(二)本量利分析的基本假定

1. 成本按性态分析的假定

即成本分成变动成本和固定成本。

2. 相关范围及线性假定

假定一定时期内,在成本水平和单价水平不变的情况下,业务量在所允许的范围内变化,这样固定成本总额的不变性和变动成本单位额的不变性在相关范围内得到保证,成本函数表现为线性方程,在相关范围内,销售收入(Y)也是直线方程,即 $Y = a + bx$,$Y = px$,p 代表单价,x 代表销量或产量,a 代表固定成本,b 代表单位变动成本。

3. 产销平衡和品种结构稳定的假定

这种假定主要是为了集中注意力去分析价格、成本以及业务量对营业净利润的影响。

4. 变动成本法的假定

这种假定即产品成本中只包括变动生产成本,而所有的固定成本(包括固定性制造费用在内)均作为期间成本处理。

(三)本量利关系的基本公式

$$利润 P = 销售收入 - 总成本$$
$$= 单价 \times 销量 - 单位变动成本 \times 产量 - 固定成本$$
$$= px - (a + bx)$$

假设产量和销量相同,则:

$$利润 P = 单价 \times 销量 - 单位变动成本 \times 销量 - 固定成本$$
$$= px - bx - a = (p - b)x - a$$

以上是本量利关系的基本公式,本量利分析的数学模型就是在上述公式基础上建立起来的。

【知识拓展】

一、家用纺织品成本控制

家纺产品成本控制流程基本上以产品工艺流程为基础,以关键点控制为原则而形成的一个成本控制过程。家纺产品成本控制包括材料成本控制、人工费控制、制造费用控制。成本控制主要运用预算控制法、作业成本控制法、责任中心控制法来综合完成。

(一)预算控制法

预算控制法是先预定一个成本限额,然后按限额开支成本和费用,以实际成本和成本限额作比较,来衡量经营活动的成绩和效果,纠正不利的差异,使成本控制在合理范围之内。运用这个方法可进行有效的财务控制,有计划安排生产,达到无库存的目的,具体实施办法如下:

1. 按订单编制成本计划,以此作为成本控制的依据

家用纺织品出口企业在接订单之前需先报价,报价时需预算单件产品成本,单件产品成本按成本构成的每个项目来计算,通过编制成本预算单,可以弄清楚什么订单可以接,什么订单不可以接。编制好的成本预算单就是成本计划,以此计划作为成本控制的依据。产品完工后比较实际成本与计划成本,可以作差异分析。成本预算单见表5-3。

表5-3 成本预算单

订单号: 产品名称: 产品数量:

项 目	预算单耗	预算单价	预算单件成本	实际单耗	实际单价	实际单件成本	备 注
面料							
辅料							
包装材料							
人工费用							
裁剪							
缝制							
检验							
包装							
其他管理费用							
成本合计							
销售收入							
销售毛利							
毛利率							

填表人: 复核人:

日 期: 日 期:

上述成本预算表,通过预算成本构成的每个项目,最终可以算出一个成本合计数,然后求出销售毛利率,按订单法核算的成本控制目标是锁定销售毛利率,这与其产品和生产的特点相关。家用纺织品出口企业,因其每个订单的产品无论从其材料上还是工艺上都是迥然不同的,类似于服装业生产特点,品种、规格极其繁多,因此材料消耗定额很多,以品种来控制成本不合实际,以一个订单为一个核算单位,分批核算成本,以预算毛利率作为成本控制的目标,比较符合其生产的特点。

2. 注重流程控制,并重点控制成本构成中比重较大的成本项目

从成本预算单上反映的信息,可以发现原材料在家用纺织品行业成本构成中的比重较大,在平时要重点加强原材料成本的审核监督,根据生产流程特点制订内控制度,随时发现并克服生产过程中的损失浪费情况。在整个生产流程中始终要做到计划与实际的相互比较,做到时时控制,而不仅是事后反映。

(1)采购环节,在采购数量上,要根据合同订单数量、工艺算出材料单耗,最终算出材料采购数量,按计划采购材料,允许一个合理的材料损耗比例,实际采购量不能超出合理的损耗比例。在采购质量上,要对供应商产品质量、交货期、工作环境、材料单价等各因素进行综合评定,选择合适的供应商,保证材料的质量。

(2)仓储环节,采购的原材料到库时,按采购合同检验材料的质量,还要核对数量,严格控制实际入库数与计划数在合理比例之内,超计划部分应拒绝入库。

(3)领料环节,按订单计划领料,若需补料必须写明补料原因,由相关领导同意方可执行。

(4)生产环节,努力提高成品率,减少疵品损失。

(5)流通环节,主要是加强中间库和成品库的统计工作,做到半成品、成品统计数据准确,有条件的企业可以借助生产管理软件来保证信息的及时性与准确性。

3. 编制费用定额

费用定额狭义来讲是编制其他管理费用各项目的定额,因其他管理费用是成本构成的内容之一。其他管理费用中变动费用是随着产量的变化而变化的,所以可根据产量来确定一个比例,如水电费、机器的折旧、物料的消耗,固定费用就要分具体明细项目作定额编制,开支的时候实际发生数应在定额允许之内,超定额部分要写明原因,由相关领导签字方可予以报销,如办公费、维修费等。

4. 零库存存货管理

家用纺织品出口企业存货管理目标是零库存管理。所有的采购数量都是根据计划预算后才采购,且损耗比例也都预先规定且必须在合理的最低损耗率范围之内,在实际采购、收发、领用过程中如果做到环环按规定办理,就能做到零库存管理。特殊情况一般有几种:采购订单太小,达不到起订量的,会产生一部分库存;如果生产过程中疵品率较高或损耗很大,预算好的面料不够,需要重新补单的,补单量达不到起订量时,也会产生部分库存;采购环节发现疵布,经双方协商后按责任承担的也可能会产生部分库存,所以只有采购环节和生产环节都控制好才能真正做到零库存管理。

（二）作业成本控制与责任成本控制相结合

在成本管理执行过程中总会存在一些执行不到位的现象，大多与人有关，构建作业成本与责任成本相结合的成本管理体系主要目的是为了责任到位，从而提高作业的效率和质量。具体有以下措施：

1. 落实具体的质量要求

对于所生产的产品都要落实具体的产品质量要求，以图示和文字加以说明，生产工人以质量要求对照自己的产品生产情况，检验人员对产品质量加强控制。

2. 责任与工资挂钩，做到责任明确、奖惩分明

生产工人的工资采取计件工资方式，产量统计必须按正品统计，次品返工不计产量，有材料损耗按责任人扣减工薪。按时按质完成生产任务的，给予一定的奖励，如优秀奖、安全奖、全勤奖都是激励员工的有效办法。

3. 积极创新，以成本管理为立足点创新产品，创新价值

成本管理不能仅局限于生产耗费活动，应扩展到产品设计、工艺安排、设备利用、原材料采购、人力分配等产品生产、技术、销售、储备和经营等各个领域。在市场接受的前提下，从技术上创新，寻找价格便宜的材料替代品；从工艺上创新提高材料利用率；从工作流程上创新提高劳动生产率。这些都是成本控制的重要途径。

二、家用纺织品报价技巧

家用纺织品报价中常见的问题主要有以下几个方面。

（1）报价一定要准确，不能顺便增加价格，报价不可以报得太高。

（2）报价时经常都是一个大概的价格，在没有实物货源的基础上进行报价的，报价员一定要了解相关面辅料成本的价格。

（3）报价一定要遵守市场潜规则，不能哄抬价格，要做到实事求是，诚信经营。

（4）报价要考虑周全，把不可预计的成本或生产中容易出现的额外成本最好也要考虑在所报的价格之内。

（5）报价要结合同类产品的市场价格，不要盲目地报价。有的客人在询盘时，发现你所报的价格比较低，那么很快就会下数量比较大的订单，到时就会处于被动；你所报的价格比较高，那么客人就不会下单，或者数量下得少一点。

（6）报价时一定要掌握供需市场的信息，了解市场上产品的实际需求状况。

床品产品成本包括生产制作所使用的面料和辅料等材料的费用，管理费用，以及工人的工资费用的总和。即：

$$床品产品成本 = 面料成本 + 辅料成本 + 包装成本 +$$
$$工价工人工资（管理费用，税率）$$

单件成品核价单见表5-4。

表5-4 单件成品核价单

合同订单号： 　　　　　　　　　客户名称：
产品名称： 　　　　　　　　　　产品规格：

	名称	用量(单耗)	单价	金额	小计	备注
面料 名称						
辅料 名称						
包装 材料						
工价			税		运费	
管理费			运费		毛利	
单件产品成本						
合计						

制单人：　　　　　复核人：　　　　　审核人：
日　期：　　　　　日　期：　　　　　日　期：

【任务5-1】 内销家用纺织品报价与成本核算

【任务要求】请说明家用纺织品内销产品的加工费是如何确认的。

　　家用纺织品产品的加工费报价是家用纺织品企业理单员必须要掌握的技能之一。家用纺织品产品的加工费报价主要在于考虑成本利润以及其家用纺织品产品的生产管理费用。

　　家用纺织品产品的加工费报价主要涉及以下几方面。

1. 订单数量的核算

　　家用纺织品产品的加工费根据订单数量的大小,客户品质验收标准的高低,直接影响价格的上下波动。对于订单数量大的,质量要求不是很高的客户,家用纺织品企业理单员在报价时价格可以稍微低于中间值。

颜色多、品种多、工艺制作繁杂的,包装要求比较复杂的,客户对质量要求比较高的时候,家用纺织品企业理单员在报价时,可以考虑面料打样时的制板费、染色包括缸费,适当地增加一些工价,以此来弥补在实际生产过程中造成的损失。

2.单件产品成本的核算

家用纺织品企业的理单员,应在试样品阶段就要做好单件产品的成本核算。单件产品的成本核算有利于理单员了解单件产品总的采购成本,在订单没有生产之前,就可以提前预算该订单的盈亏状况。某家用纺织品企业单件产品核算单如表5-5所示。

表5-5　某家用纺织品企业单件产品核算单

单号				下单人				
品名				规格				
序号	品名	门幅	纱支密度	克重	单价	单耗		
面料1								
面料2								
面料3								
辅料1								
辅料2								
辅料3								
线								
洗标								
裁剪								
做工								
检验								
包装								
彩卡								
衬板								
袋								
纸箱								
运费								
总成本								
税缴								
制造费用								
管理费用								
毛利								
价格								
备注								

制单人:　　　　　　　　　　　　　　　　　　　　　　日期:　　年　月　日

3. 国内费用的核算

国内费用主要包括内陆运输费用、快递费用、公司管理费用、报检费用、报关费用、核销费用等。

【任务5-2】 外销家用纺织品报价与成本核算

【任务要求】请说明家用纺织品外销产品是如何报价及成本核算的。

1. 生产成本核算

家用纺织品外销产品采购成本价格的核算,公司的管理费用、利润,运输费用,快递费用,报检费用,报关费用,核销费用等。

2. 海运费用的核算

在采用 CIF、CFR 贸易术语成交的条件下,出口货物在报价时要核算海运费用,在报价前应向客户了解清楚是否全部采用海运的方式。其次要合理的安排生产,在交货期内准时完成生产任务,避免产生部分产品或全部产品航空运输。在核算海运费时,理单员应根据订单数量、产品包装要求预算出成箱产品的体积,如果订单产品的体积,刚好能够装整柜(20 英尺或 40 英尺),那么,则可以直接根据货代公司提供的整柜海运费用报价进行单件产品的海运核算。如果体积不够整柜的情况下,则需要采用拼柜的方式安排货物的出运。

$$拼柜的海运费用 = 总体积 \times 拼柜的海运价格 + 装卸费用$$

3. 保险费用的核算

采用以 CIF 贸易术语成交条件下,理单员需要核算保险费用。

$$保险费用 = 保险金额 \times 保险费率$$
$$保险金额 = CIF \times (1 + 保险加成率)$$

CFR 价和 CIF 价保险费用相互之间的换算公式如下:

$$CFR 价保险费用 = CIF \times [1 - (1 + 保险加成率) \times 保险费率]$$
$$CIF 价保险费用 = CFR \div [1 - (1 + 保险加成率) \times 保险费率]$$

4. 银行费用核算

理单员在外销家用纺织品报价时,应考虑到在贸易活动起到货币流通功能的银行。不同的结汇方式,每个银行收取的费用也是不一样的。同时要及时了解和掌握外汇的汇率波动的信息,给客户的报价要做到准确、合理、公平,以诚信为目的,与银行、客户、供应厂商建立良好的合作关系。

5. 利润核算

理单员报价的高低直接关系到是否能接到订单,有时产品报价也比较高,有一定的利润空间,货物也没有索赔的现象,在最终的成本核算这一块的工作显得格外重要。

$$利润 = 报价的金额 - 采购成本 - 各项费用 + 退税收入$$

6.外销床品产品的成本核算

床品产品的成本核算是货物出运后必须要做的一项工作。成本核算有利于分析外销床品产品的实际盈亏状况,为下一次的报价提供有利的参考依据。同时,外销床品产品的成本核算也是贸易公司资金管理流向的一个重要证明。某床品企业外销商品出口盈亏核算表见表5-6。

表5-6　某床品企业外销商品出口盈亏核算表

国家：　　　　　　　　信用证号：　　　　　　　合约编号：

地区：　　　　　　　　结汇方式：　　　　　　　收购合同编号：

港口：　　　　　　　　结汇日期：　　　　　　　发票编号：

商品名称及数量		原币金额		
品名		数量		
备注		运费/ (元/m^{-3})		
项目	序号	业务预算	业务备注	财务实绩	财务备注
收入　CFIC 美元金额	(1)				
其中外币运费	(2)				
保险费/%	(3)				
佣金/%	(4)				
FOB 美元金额	(5)				
汇率按　元折人民币	(6)				
成本　收购成本	(7)				
不含税收购成本	(8)				
费用/%	(9)				
总成本	(10)				
盈亏　实际出口成本	(11)				
盈亏额	(12)				

主管经理：　　　物价：　　　　业务：　　　　科长：　　　　财务：

备注：(5) = (1) - (2) - (3) - (4)

　　　(8) = (7) ÷ 1.17

　　　(10) = (8) + (9)

　　　(11) = (10) ÷ (5)

　　　(12) = (6) - (10)

☞ 习题

一、单项选择题

1.下面哪一项不属于家用纺织品产品生产成本的是（　　）。

A.缝纫线　　B.加工费　　C.面、辅料　　D.水、电费

2.下面哪一项应计入家用纺织品企业管理费用的是（　　）。

A.水、电费　　B.工人工资　　C.缝纫设备　　D.税

3.家用纺织品企业在报价时，一般的情况下利润控制在（　　）。

A.5%　　B.8%　　C.10%　　D.20%

二、名词解释

1.生产成本

2.利润

3.折旧费

4.本量利分析

5.成本控制

6.成本核算

三、问答题

1.请阐述家用纺织品内销报价技巧及成本核算方法。

2.请阐述家用纺织品外销报价技巧及成本核算方法。

3.家用纺织品企业为什么要进行成本控制？

4.家用纺织品企业成本管理的重要性有哪些？

参考文献

[1] 吴相昶,徐慧霞,吴奕娟. 床品企业生产与质量管理[M].北京:中国纺织出版社,2012.

[2] 吴相昶,徐慧霞,张硕峰,等. 服装企业理单跟单实务[M].北京:中国纺织出版社,2014.

[3] 毛益挺. 服装企业理单跟单[M].北京:中国纺织出版社,2005.

[4] 姜旺生,张福良,杨素瑞. 服装生产现场管理[M].北京:中国纺织出版社,2007.

附录 家用纺织品理单跟单实际案例

家用纺织品理单、跟单的工作中心主要是围绕订单的生产流程而展开的,接下来将举例说明外贸公司理单跟单员和生产型企业的理单跟单员在接到客户订单后如何开展理单跟单业务操作。

1. 接受客户订单

样品经客户确认后,一般情况下客户就会以传真或邮件的形式通知外贸公司的理单员,理单员则要整理相关的资料,从而编制外贸公司的销售确认书、订货合同、工艺单等资料,销售确认书见附表1。然后将销售确认书提交给客户确认,签字并确认,回签件寄回,订货合同、工艺单给生产型企业(即生产工厂),注意合同必须要得到生产工厂的确认,这样即表示生产工厂已收到理单员的订货合同、工艺单资料,表示接受生产任务,便于以后双方发生争议时有据可查。宁波××××家用纺织品有限公司订货合同见附表2,客户工艺单见附表3,客户包装资料见附表4。

附表1 ××××家用纺织品有限公司
×××× HOME TEXTILES CO. ,LTD.
销售确认书
SALE CONFIRMATION

OUr Tel:0086 × × × × × × × × × × × ×   编号
                                              No. :_____

Fax:0086 × × × × × × × × × × ×   TO:_____   日期
                                                              Date _____

0086 × × × × × × × × × ×   _____   地点
                                                    Place _____

兹确认售予你方下列货物,其成交条款如下: 价格条件:Price term:_____

We hereby confirm having sold to you the following goods on terms and conditions as stipulated below:

1)货物名称及规格/包装/装运标记 Name of commodity, specifications, Packing and shipping marks	2)数　量 Quantity	3)单　价 Unit price	4)总　额 Total amount

* 数量和金额允许有5%增减(±5%)in quantity and amount is allowed.

5）装运期限：①收到信用证_____天内装运；②在_____以前装运。

　　Time of chipmcnt. ①Within _____ days after ptreceipt of L/C；②Befone

6）付款条件：①买方须于_____前开给我方不可撤销即期信用证,注名可在②

　　　　　上述装运期后十五天内在中国议付有效,并列明本销售确认书号码。_____

　　Tems of payment：①By 100% inevoctble L/C to be avaikble by sight draft, to be oqened before _____ mentioning rebtive S/

　　　　　　　　　C No.

　　　　　and to remain vaild for negotiation in China until the 15th day after the aforesaid time of shipment.

7）保　　险：凡以 CIF 价成交,由卖方按发票金额的 100% 投保 □一切险 □战争险 □陆运一切险：凡以 C&F 价成交,保险由买方自理。

　　Insurance：①CIF to be effected by the seller at 100% of invoice value covering □ALL RISKS □WAR RISKS □OVERLAND

　　　　　　　　TRANSPORTATTON ALL RISKS.

　　　　　　②C&F to be effected by the buyer.

8）仲　　裁：凡因执行本确认书所发生的或与之有关的一切争议,应由双方通过友好协商解决；如不能解决,应提交中国国际经济贸易仲裁委员会根据该会的仲裁规则进行仲裁,仲裁裁决是终局的,双方都有约束力。

Arbitration：All disputes arising from the excecution of. Or in connection with this Confirmation. Shall be settled amicably through friendly.

negotiation ln case no setfiement can be reached through negotiation, the case shall be then be submitted to China International Economic

& Trade Arbitration Commission for arbitration according to its provisional rules. The arbitral award is final and binding upon both parties.

9）法律适用：本确认书的订立、履行、效力、解释均适用于《联合国国际货物销售公约》和中华人民共和国法律。

Applicable 1aws, The formation of this Confirmation. its excecution, validity and interpretation shall be. governed by the United Nations

　　　　　Covenfion on Contracts for the International Sale of Goods and the laws of the People's Repubelic of China.

10）买方须于上述规定时间内开出信用证,否则,卖方有权不经通知取消本确认书, 或对因此遭受的损失提出索赔。

　　The buyer shall establish the covering L/C before the above stipulated time. failing which the Seller reserves the right to recind with-

lout furthaer notice. to lodge a claim for direct losses sustained by the seller.

11）品质/数量异议：凡属品质/数量异议,买方须于货物到达目的地港后 30 天/15 天内提出：对所装货物提出异议,如属保险公司、轮船公司、其他有关运输公司或邮递机构所负责者,售方概不负责。

　　Ququity/quantity discrepancy：In case of quality/quantity discrepancy, claim should be filed by the Buyer within 30 days/15 days after

the arrival of the goods at the destination port。It's understood that the Seller shall not be liable for any discrepancy of the goods shipped

due to causes for which the lnsurance Company. Shipping Company or other transportation organization or Post office are liable.

12）本确认书内所属商品,如因不可抗力所致不能履约或延迟交货,售方概不负责。

　　The Seller shall not be held liable for failure or delay in delivery of the goods under this Confirmation due to any Force Majeure incidents.

13）本确认书内所属商品,如果由于使用买方所提供的样品、设计图纸、商标、品牌而引起纠纷及其损失,概由买方承担责任。

　　The Buyer shall be held responsible for any disputes or losses are resulted from the use of samples, deSigns, trade marks Of brands

suoolied by the Buyer for the goods under this Confirmation.

● 本确认书的确认有效期至_____,买方请在收到本确认书后立即签回一份。

This Coafitmatioa remaim valid amil _____ Plense sign and retnra one copy of Confomation at your immediatc coavenience.

买方确认：　　　　　　　　　　　　　　　卖方确认：

The buyer：_____　　　The seller：_____

附表2 宁波××××家用纺织品有限公司

订货合同

合同号：_____

交货地点：_____

兹向 ××××家纺有限公司 订购如下货品

品名及规格	颜色	数量	单价	总金额	备注
TUCSON PANEL					箱唛：
1. X101.01563ZBG 40×84″ PANEL MULT		1000 PCS	28.50	28500.00	
2. X101.01563ZBG 40×95″ PANEL MULTI		1500 PCS	31.50	47250.00	

TATOL：RMB75750.00

请在出运前7天内送船样到公司：1~2项各2条

*** 根据××××家用纺织品有限公司验收标准验收。

此订单辅料核价如下：需扣宣传卡费用0.50元/张，

纸箱：0.20元/条，袋子：0.85元/个，衬板：0.15元/张

合计金额(大写)：柒万伍仟柒佰伍拾元整	交货日期：

并须符合下述条款：

1. 本合同一经双方签署，即予生效或卖方在收到本合同3个工作日之内如无异议视为确认此合同各项条款及所有明细要求，但买方有权在合理时间内提出更改订单中非根本性条款或增加非根本性条款。

2. 卖方应按合同规定的要求，按时将订购商品送交买方指定仓库或车站，所需之装卸运杂费由卖方负担，交货时应随附各种有关单据。买方根据合同规定的品名、规格、数量进行验收，如不符合合同所列各点规定，买方有权拒收。

3. 由于质量及包装等原因造成的损害事实，由卖方负全部责任。

4. 买方凭业务员本人及仓库验收签字后45天付款。

5. 若双方有特殊协议，应在有关协议精神基础上履行此合同。

6. 如双方发生争议，应协商解决。如协商无效，提交买方所在地法院处理。

卖方：××××家纺有限公司
（盖合同章生效）

买方：宁波××××家用纺织品有限公司
（盖合同章生效）

业务主管：×××

签 章：

确认日期： 年 月 日

业务主管：×××

签 章：

购订日期：2013年07月15日

附表3 ×××家纺有限公司客户工艺单

订单号：	×××客人订单号：××××			最终客人：×××		
工 厂	宁波×××家纺有限公司					
产品名称：	DAKOTA TAB PANEL 纬向仿麂皮拼块吊钩窗帘					
产品尺寸：	40 英寸❶×84 英寸　40 英寸×95 英寸					
面料成分	100% POLYESTER 全涤					
面料颜色：	1					
	MULTI 混色					
缝制线	同布配色					
产品规格：	参照工艺图					
产品具体工艺与要求：						
1. 做法	顶部 5 对 2 英寸宽对折缝制后 4 英寸高的吊带,2 英寸背面 T/C 布贴边,正面贴边和吊带缝合处钉 5 粒 PVC 包扣					
	1 英寸两侧折边,3 英寸底部折边,大身 4 个颜色拼合各 10 英寸					
2. 要求	1. 尺寸到位,拼缝要顺直,各拼块间距均匀,吊钩长短一致,扣子要钉牢 2. 产品尺寸只允许上公差(40 英寸~40.25 英寸)×(84 英寸~84.5 英寸),(40 英寸~40.25 英寸)×(95 英寸~95.5 英寸) 3. 拼块布的颜色与"TUCSON"不同,毛向要一致 4. 合同必须回签,出货数量不能短装 5. 针距:7~9 针/英寸					
3. 备注	此订单无防盗标,有水洗标 面料开裁前需经公司确认缸样 上次出货的订单 13H1130 大货中有下列问题,请在此订单中避免 1. 拼块有大小,拼缝欠平直 2. 背面 2 条吊钩的间距不一,有 2~5cm					

面料仿麂皮:
(1) 克重:130g/m² ±5g/m²
(2) 经纬密:
　涤纶丝:70 旦,72F
　海盗丝:225 旦,84F
(3) 色牢度:
　水洗≥4 级
　皂洗≥4 级
　干摩≥4 级
　湿摩≥3 级
　光照20h≥4 级

❶ 1 英寸≈2.54cm。

附表4　客户包装资料

项　目	包 装 具 体 要 求
水洗标	水洗标位置缝在窗帘背面右上角距边5cm处 100% POLYEST MACHINE WASH IN WARM WATER. DO NOT BLEACH. TUMBLE DRY, LOW. REMOVE PROMPTLY. MADE IN CHINA RN 15563
PVC拉链 袋子尺寸	PVC拉链袋子尺寸:PVC拉链袋子尺寸为23cm(长)×18cm(宽),立体高度视产品包装折叠高度而定
箱　唛	箱唛如下: 箱唛主侧唛各印两面。 主唛内容如下: ×××ד C/NO 此处填箱号 OF 此处填总箱数 侧唛内容如下: PRODUCT DESCRIPTION:产品描述 ITEM NUMBER:识别码 ORDER NUMBER:订单号 STYLE:款号 SIZE:尺寸 QUANTITY MASTER:数量 PCS COLOR:颜色 MEAS:此处填箱体积[长(cm)×宽(cm)×高(cm)]
包装要求	窗帘每条一个水洗标,一张衬板,然后折叠装入一个尺寸为23 cm(长)×18 cm(宽)的PVC拉链袋子内,PVC拉链袋子无钩子,拉链必须在背面底部,每个PVC拉链袋子内必须放入一张宣传卡(宣传卡有条形码的一面为背面,应放入PVC袋有拉链的那面)。 注意:PVC拉链袋子尺寸只允许下公差0~0.5cm内,不能发油
纸　箱	无钉双瓦楞纸箱,且必须为工字形封箱,纸箱内上下各放一块盖板

2. 编制工艺单文件资料

生产型企业(即生产工厂)的理单员接到外贸公司理单员的订单合同、工艺单资料、包装资料后应根据这些资料编制工厂内部使用的裁剪工艺单、缝制工艺单、生产任务下达单、面辅料采购计划单等。工厂面辅料采购部门应及时安排面辅料采购及面辅料产前样、手感样制作。生产工厂内部缝制工艺单、裁剪工艺单、生产任务下达单分别见附表5~附表7。

3. 面辅料采购

大货面辅料的品质确认阶段要及时跟踪面辅料的织造、染色、后整理入库前的质量检验及数量统计工作,确保大货面辅料能准时到位,品质符合客户的要求。经过检验合格的面辅料方可办理入库手续,面辅料的检验见附表8。

附表5　宁波×××家纺有限公司生产缝制工艺单

公司合同号：
客户：

产品名称	纬向仿麂皮拼块吊钩窗帘	备　注

面料说明

面料编号	面料名称
A	纬向仿麂皮
B	45×45①，96×72② T/C 布
C	PVC

辅料用量

名称	单位	单耗	名称	单位	单耗
防盗标	片		黏合衬	个	配色
水洗标	个	1	拉链	个	
法律标	个		PP 棉	g	
缝纫线	m			m	
边边	m			m	
花边	m			m	
铝芯、包组	个	5		个	
吊穗	个			m	
PVC	m	0.01			

成品图式

（图中标注：顺毛方向　米色　驼色　咖啡色　砖红色；84英寸、95英寸、40英寸、3英寸、10英寸、2英寸、1英寸、1.5英寸、5cm、3.5cm；水洗标、背面、正面；两吊钩的间距为3.5cm）

缝纫说明

1. 背面 T/C 布穿杆位 2 英寸要到位。
2. 正面左右折边 1 英寸要到位，底边折边 3 英寸要到位，然后再拼块缝制，拼块四块拼块，先配面料颜色线拼缝，缝制好后，拼接头处处 1cm，缝头要两边分开烫平，缝制时注意倒顺毛方向。
3. 产品四块拼块，先配面料颜色线拼缝，然后再拼块缝制，拼接大小要一致，缝制好后，拼接处处 1cm，缝头要两边分开烫平，缝制时注意倒顺毛方向。
4. 吊钩长短要一致，五个吊钩之间的间距为 3.5cm 要到位，不能有大小，包组要钉在吊钩中间位置，扣子要钉牢。
5. 水洗标对折缝制，距边 5cm 要到位。
6. 产品放平后要平整，挺括，无线头。

备注

具体缝制请参考实样
注意上下位置

备注：缝纫配色线务必参照实样，吊钩锯线一生一台，中间三颗纽扣钉在拼接处中间；吊钩折叠时

制表：
审核：
日期：

① 45×45 即表示经纬纱的细度为 45 英支×45 英支，可换算为线密度 13tex×13tex，下文同。
② 96×72 即表示经纬密度为 96 根/英寸×72 根/英寸，可换算为 378 根/10cm×283 根/10cm，下文同。

附表6 宁波×××家纺有限公司生产裁剪工艺单

公司合同号：　　　　　　　　　　　　　　　　　客户：　　　　　　　　　　　　　　　日期：

面料说明

面料名称	幅宽/cm
纬向仿麂皮	150
45×45,96×72T/C布	150
PVC	140

裁剪说明

产品名称	成品规格	颜色	单耗/m
窗帘	40英寸×84英寸	米色	0.43
		驼色	0.43
		咖啡色	0.43
		砖红色	0.43
	40英寸×95英寸	米色	0.49
		驼色	0.49
		咖啡色	0.49
		砖红色	0.49
PVC		深棕色	0.002

排料工艺图

（仿麂皮）

米色/砖红色 244cm，30cm，幅宽
米色/砖红色 215cm，30cm，幅宽
28cm，7cm，幅宽
108cm，7.5cm，幅宽
咖啡色/驼色 244cm，28cm
咖啡色/驼色 215cm，28cm
51cm，7cm
顺毛方向

T/C布

备注

1. 窗帘拼块排幅宽方向开，一开5块
2. 吊钩幅宽方向开，一开21块
3. T/C布幅宽方向开，一开20块

注意：倒顺毛方向
另加船样两条

制表：　　　　　　　　　　　　　　　审核：

附表 7 宁波×××家纺有限公司生产任务下达单

订单号_____ 品名_____ 面料花型 纬向仿麂皮排块吊钩窗帘

车间 裁剪、缝制、包装

用面料、辅料

面料花型	颜色	规格	数量	面料用料	辅料用料	洗标	防盗标	线	其他	生产说明
纬向仿麂皮	四个颜色拼块 米色/驼色/咖啡色/砖红色	40英寸×84英寸	1000	单耗米色/驼色 咖啡色/砖红色	0.43m	1	—	缝纫线配色		生产说明: 裁剪:按照裁剪工艺单要求进行排料、划样裁剪,裁片尺寸要符合要求 缝制:严格按照缝制工艺单要求执行生产 包装:检验合格的产品方可进入包装环节,包装要符合客人包装要求,成箱产品经各客户验货合格后方可出运
	米色/驼色/咖啡色/砖红色	40英寸×95英寸	1500	单耗米色/驼色/咖啡色/砖红色	0.49m	1	—	见实物		任务
					辅料、包纽					
					40英寸×84 英寸 5 颗					
					40英寸×95 英寸 5 颗					

制单人:_____ 执行人:_____ 签发日期:_____ 完成日期:_____

附表8 宁波×××家纺有限公司面辅料检验报告

第一联　备查

合同号：＿＿＿＿　　来料日期：＿＿＿＿　　检验日期：＿＿＿＿　　检验员：＿＿＿＿

面辅料名称	来料日期	来料数	颜色	标签米数	实测米数	短码米数
纬向仿麂皮	7.25		米色	99.5	97	-2.5
			驼色	100	99	+1
			咖啡色	99.5	99	-1.5
			砖红色	98	98	—
合计数量					393	

面辅料质量情况描述

面料

			实际	订单要求
幅宽			150	150
克重			131 (g/m²)	130 (g/m²)

颜色	色差	色牢度	
布面	a	米色：一处料疵5cm×3cm
	b	砖红色：一处破洞10cm×13cm
	c	

辅料

颜色	色差	色牢度
做工		

品质主管意见：
1. 料疵：检验时已标示，开料时要断料处理
2. 破洞：铺料时破洞处要断开
3. 同意入库

签名：＿＿＿＿　　日期：＿＿＿＿

采购部处理意见：同意入库

签名：＿＿＿＿　　日期：＿＿＿＿

厂部意见：同意入库

签名：＿＿＿＿　　日期：＿＿＿＿

附样：

4. 裁剪、缝制、检验

裁剪、缝制、检验这个阶段,工厂必须要对产品进行全检,杜绝不合格的产品流入下一道工序。跟单员应做好这个阶段的质量检验和生产进度的控制工作。裁剪抽验报告、缝制抽验报告、包装抽验报告、生产进度表、巡检报告、中期检验报告分别见附表9~附表14。

附表9 宁波××××家纺有限公司裁剪抽验报告

合同号:

花型	颜色	品名	裁剪数	裁剪人	质量抽验情况						
					尺寸	同一包内色差	同一条产品色差	上下层偏差	整体形状	次布是否挑出	其他
纬向仿麂皮拼块吊钩窗帘		40英寸×84英寸	1000PCS	×××	40英寸×84英寸	—	—	—	良好	发现1条疵片	
		40英寸×95英寸	1500PCS	×××	40英寸×95英寸	—	—	—	良好	发现2条疵片	

抽验总结	裁剪抽验发现有以下问题: 铺料时发现疵布一定要先断料,避免造成疵片出现,造成原料浪费。			
结论	接受	返工	待确认	备注:
	√			

裁剪车间签名: 检验员签名: 日期:

第一联 备查

149

第 一 联　　备　查

附表 10　宁波×××家纺有限公司缝制抽检报告表

序号	订单号	检验员	产品名称	订单数量	已验数量	抽检数量	合格数量	抽检情况							结论		不良品处理情况
								缝制质量	配线颜色	线毛	边中差	水洗标	针距	辅料搭配	合格	返工	
1			纬向仿麂皮拼块吊钩窗帘	1000条	1000条 40英寸× 84英寸	50	49	1条缝制跳针							√		正在返修
2			纬向仿麂皮拼块吊钩窗帘	1500条	1500条 40英寸× 95英寸	80	77	1条缝制浮线			2条边中差±0.5英寸				√		正在返修

备注：
1. 抽验发现缝制存在有以下问题：①1条缝制跳针②1条缝制浮线③2条产品有边中差±0.5英寸
2. 不良品要求返修好，同意直接交大货产品

检验员签名：

检验车间主任签名：　　　　　　　　　　　　　　　　　日期：

附表 11　宁波×××家纺有限公司包装抽验报告

合同号：

客人名称：

序号	产品描述	订单数量	包装数量	抽验数量	质量抽验情况										其他
---	---	---	---	---	箱唛	宣传卡	不干胶	包装袋	折叠方法	条码是否可扫描	装箱情况			
1	纬向仿麂皮窗帘	1000PCS	1000PCS	50PCS	√	√	√	√	√	√	√			
2	纬向仿麂皮窗帘	1500PCS	1500PCS	80PCS	√	√	√	√	√	√	√			

包装抽验存在以下问题：

抽验总结　1. 产品包装基本符合要求，个别产品折叠欠平整，比较皱，要求引起注意。

2. 产品包装时要注意，从正面看上去产品折叠露在正面的颜色要一致，由于产品是四个颜色拼块的，大货中包装没有注意到此问题，产品包好后，颜色不一致

结论	接受	返工	待确认	备注：
		√		

车间主任签名：　　　　　　　　　　　　　　　　检验员签名：　　　　　　　　　　　　　　　　日期：

第　一　联　　备　查

附表12   宁波××××家纺有限公司生产进度表

订单号	客户名称	客户订单号	合同出货期	合同金额(元)	预计出货期	面料情况	产前样	缝制情况	拍照情况	包装情况	船样	宣传卡情况	备注
				75750.00		已确认	已确认	正在缝制	已拍照	未包装	未送	未到	包装辅料未到

填表人：   日期：

附表 13 宁波×××纺织品有限公司巡检报告

工厂名称			订单号			客户	
货物名称	纬向仿麂皮窗帘	数量	2500	交货日期	2013.8.15	检查日期	2013.8.8
原料	大货原料品质与标样基本符合						
颜色	大货颜色比标样稍偏浅些,在允许接受范围内						
规格	40 英寸×84 英寸,40 英寸×95 英寸						
实际规格	40 英寸×(84 英寸~84.5 英寸),40 英寸×(95 英寸~95 英寸)						
裁剪	已全部裁剪好						
缝纫	有 30% 已缝好正在缝制中						
标签	水洗标位置、内容正确,符合订单资料要求						
成品状态							

抽查情况	工序巡检 半成品巡检存在以下问题: 1.仿麂皮四块拼块之间尺寸有大小,要求缝制时要注意,控制好缝份的尺寸,拼块大小要一致 2.两边折边与中间长度方向存在边中差的现象,要求引起注意,控制好底部折边的缝制尺寸,避免造成边中差的情况 3.产品正在缝制中,纽扣未钉过,要求纽扣要钉牢 4.发现 2 条产品有倒顺毛的现象,要求挑出换片,要注意仿麂皮面料存在倒顺毛的现象 以上问题,希望工厂及时改正,否则一切后果由工厂承担成品初检

检验数量	50PCS				次品总数		17PCS
结论	接受		返工		重检	√	不准出货
本报告仅为抽检报告,如有质量问题,客户有最终索赔权							
厂方签名		验货员签名			业务员签名		

附表 14　宁波××××家用纺织品有限公司中期检验报告

工　厂		订单号		客户	
产品描述	纬向仿麂皮 拼块吊钩窗帘	颜色	米色/驼色/ 咖啡色/砖红色	成分	100% POLYESTER
款号		订单数量	2500PCS	出运数量	2500PCS
生产进度	100% 裁剪工序完成		80% 缝制工序完成		10% 包装工序完成
原料	大货原料符合确认样要求				
颜色	大货颜色比标样稍偏浅些,在允许接受范围内				
规格尺寸	要求 40 英寸 ×84 英寸,40 英寸 ×95 英寸, 实际 40 英寸 ×(84 英寸 ~84.5 英寸),40 英寸 ×(95 英寸 ~95.5 英寸)				
查货瑕疵记录		严　重	主　要		轻　微
1. 料疵			1 处		
2. 缝制浮线			1 处		1 处
3. 线毛头					3 处
验货评语:本次中期验货发现产品存在料疵、缝制不良、线毛头较多的现象,要求全部重新检验,方可继续包装					
验货总数:		125PCS	不合格数	6PCS	
处理意思:全部重新检验后,方可继续包装					

□接受　　　　　　　　□返工　　　　　　　　☑重新检验
□同意出货　　　　　　□不接受　　　　　　　□担保出货
　　现经我司抽查成品后,发现仍有以上疵点,请工厂必须马上返修全部疵点,否则一切责任概由工厂负责。

厂方负责人:　　　　　　　　　　　　　　　验货员:
日期:　　　　　　　　　　　　　　　　　　日期:

5. 后整理、包装

　　工厂理单员根据客户提供的订单数量包装资料包装要求来安排包装辅助材料的采购工作,贸易公司提供的部分包装材料不用采购(如客供价格不干胶,条形码不干胶,宣传卡,小吊卡等)。经过检验合格的产品包装车间应根据包装要求、包装资料、装箱单进行包装、装箱、出运工作,确保装箱的产品数量、颜色、规格符合要求,避免成箱产品出现少装、多装、装错的现象。跟单员应做好后期(最终期或尾期)的质量检验工作。理单员要做好货物出运的相关跟单工作,确保货物能准时交到客户的手中。产品质量自检出厂报告单、出货装箱清单、终期验货报告、出库单分别见附表15 ~ 附表18。

附表 15　宁波××××家纺有限公司产品质量自检出厂报告单

产品名称	纬向仿麂皮吊钩窗帘	自检编号	CL－9578
规　格	40 英寸×84 英寸 40 英寸×95 英寸	合同号	
生产数量	40 英寸×84 英寸　1000PCS 40 英寸×95 英寸　1500PCS	检验数量	125PCS
检验依据	客户标准/本公司 质量标准	出口公司或客户名称	
包装情况	符合		

	检验项目	意　见		检验项目	意　见
外观质量	折叠	欠平整	内在质量	尺寸	40 英寸×84 英寸： 40 英寸×（84 英寸－84.5 英寸） 40 英寸×95 英寸： 40 英寸×（95 英寸－95.5 英寸）
	装袋封口	基本符合		颜色	符合要求
	标签位置	正确		做工	良好
	包装物质量	符合要求		清洁度	线头比较干净
	整体效果	良好		后整理	个别纽扣未钉牢
	备注			备注	发现 3 条产品上 纽扣未钉牢
装箱数量正确度	100%		箱唛正确度		100%

品质主管意见：

1. 个别产品上的纽扣未钉牢,希望在后道检验时要加强检验力度

2. 发现产品拼块有大小不同的现象,要求检验员要仔细,挑出返工

厂部意见：

1. 希望检验要加大力度,要认真仔细

2. 包装车间在包装之前要先看一下产品,再进行包装,达到二次检验的目的

检验员：　　　　　　　　　　　　　　　　　　　　　　　日期：

附表16 宁波×××家纺有限公司出货装箱清单

客户名称：
公司合同号：
客户订单号：
传真日期：

产品名称	颜 色	成 分	产品规格	总数量	箱内数量	箱 数	每箱毛重/kg	每箱净重/kg	外箱尺寸（长×宽×高）/ m×m×m
纬向仿麂皮拼块吊钩窗帘	四个颜色拼块 米色/驼色/咖啡色/砖红色	100%	40英寸× 84英寸	1000PCS	25PCS	40	19.5	18.5	0.48×0.37×0.28
			40英寸× 95英寸	1500PCS	25PCS	60	21.5	20.5	0.48×0.37×0.39
合计				2500PCS		100	2070	1970	6.14m³

备注：

预计货物完成时间：
集装箱号/封箱型

附表17 宁波××××纺织品有限公司终期验货报告

工厂名称:_____ 订单号:_____ 产品名称:纬向仿麂皮拼块吊钩窗帘

客户:_____ 出货日期:_____ 出货数量:2500PCS 包装完成:100%

规格:40英寸×84英寸,40英寸×95英寸 原料成分:100% POLYESTER 巡检:□ 终检☑

包装检查				疵点描述				
	内 容	正确	错误		内 容	致命	主要	次要
1	箱唛	√		1	实际长度		√	
2	宣传卡	√		2	实际宽度		√	
3	水洗标	√		3	缝制不好			—
4	法律标			4	浮线		—	
5	织标			5	断线			
6	防盗标	√		6	跳针			
7	折叠方法	√		7	针距偏长			
8	条形码扫描	√		8	穿杆位不好			
9	包装袋	√		9	定位不居中			
10	纸箱质量	√		10	绑带不牢			
11	装箱情况	√		11	充棉不均匀			
				12	棉不足			
				13	封口不平			
面、辅料情况				14	包纽不牢			
	内 容	致命	主要	次要	15	四角没棉			
1	颜色		√		16	锁眼不好			
2	料疵		—	—	17	眼孔未开			
3	油渍、污渍			—	18	锁眼高低			
4	破洞				19	吊钩长短			
5	手感				20	吊钩间隔不一致			
6	针孔眼				21	起皱			
7	纬斜				22	底布露正面			
8	勾丝				23	针孔外露			
9	粗纱				24	线头、毛头			
10	防水效果				25	胶水印			
11	金属吊钩锈蚀				26	划粉痕			
12	原料褪色				27	不对条、不对格			
13	辅料褪色				28	不对称、不居中			
14	印花错位				29	爆裂			
15	白点、黑点				30	辅料未缝牢			
16	绣花错位								
17	漏绣								
18	克重								

内装量:20条/箱 装箱数:20PCS/箱

抽验数:125PCS 致命问题:_____ 主要问题: 2 次要问题: 3

验货总结:

1. 发现原料有料疵,要求把有料疵的产品挑出来,不允许出现料疵的现象;

2. 发现窗帘折边处缝制线有浮线,要求挑出来修补好,检验还不够仔细;

3. 发现窗帘折边缝制欠平直,要求挑出来修好。

结论:同意出货☑ 不准出货□ 返工□ 待确认□ 担保出货□

厂方签名:_____ 检验员签名:_____ 日期:_____

备注:本报告仅为抽检报告,如有质量问题,客户有最终索赔权。

附表18 宁波××××家纺有限公司出库单

订单号	颜　色	品名及规格	数　量	备　注
	四个颜色拼块 米色/驼色/ 咖啡色/砖红色	纬向仿麂皮吊 钩窗帘40英寸×84英寸	1000PCS	已包装 成箱完成出运
	四个颜色拼块 米色/驼色/ 咖啡色/砖红色	纬向仿麂皮吊 钩窗帘40英寸×95英寸	1500PCS	已包装 成箱完成出运

用途　送仓　　　签发人＿＿＿＿＿　　　领用人＿＿＿＿＿　　　日期：＿＿＿＿＿